MW01640042

L'ÉQUITATION

Larousse 17 Rue du Montparnasse 75298 Paris cedex 06

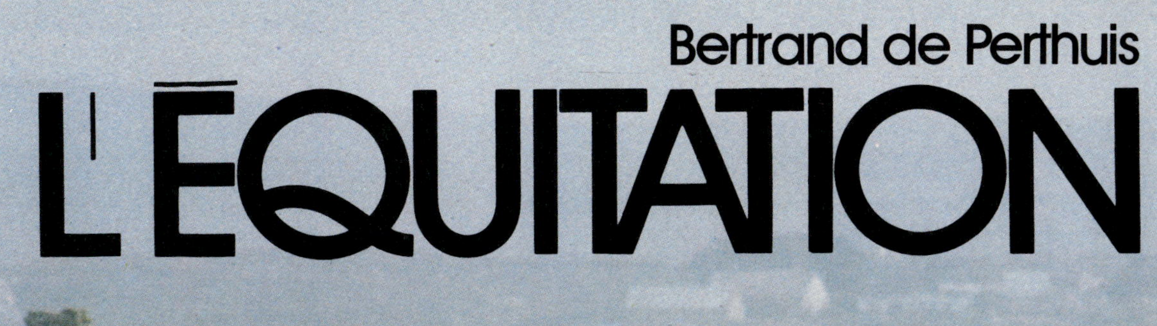
Bertrand de Perthuis
L'ÉQUITATION

le larousse de l'ÉQUITATION

I Histoire du cheval 10

II Les cavaliers 22

III L'équitation d'extérieur 30

IV L'endurance 46

V Le dressage 56

VI Le concours hippique 62

Le présent volume appartient à la dernière édition (revue et corrigée) de cet ouvrage. La date du copyright mentionnée ci-dessous ne concerne que le dépôt à Washington de la *première* édition.
© **Larousse, 1983.** Distributeur exclusif au Canada : les Éditions Françaises Inc.

© by S.P.A.D.E.M. et A.D.A.G.P., 1983.
ISBN 2-03 512112-4

Histoire du cheval

Évolution et sélection

Le cheval a été l'auxiliaire privilégié — et indispensable — des grandes civilisations durant tant d'années que ses origines et son histoire font un peu partie de celles de l'homme.
Les traditions culturelles et religieuses n'apportèrent pourtant longtemps que des descriptions poétiques de son évolution (comme celles trouvées dans le Coran) ou sous forme de parabole, telle celle de l'arche de Noé. Il n'était guère possible, à partir de là, d'envisager une autre hypothèse que celle d'une souche unique, d'un couple ancêtre de tous les chevaux. Ceux-ci, après s'être répartis géographiquement sur plusieurs continents, se seraient ensuite développés en des morphologies différentes selon les climats rencontrés.
La première théorie scientifique, celle de Darwin, cadre en ce sens parfaitement avec ces légendes. Toutefois le développement des méthodes archéologiques, et de certaines techniques de datation notamment, a permis à la fois de reconstituer l'existence de « familles » aux types bien distincts et de reculer l'origine de nos chevaux à une époque où... ils n'étaient pas encore « chevaux » !

L'évaluation de l'âge d'un terrain (et en conséquence des fossiles des animaux ou des végétaux qui s'y trouvent) ou, directement, des restes des êtres vivants à une époque donnée (éléments durs comme le squelette, les dents) a permis de dater l'apparition de la vie sur la Terre à près de 1 milliard d'années. Les premiers mammifères n'apparaissent, eux, qu'il y a 65 millions d'années. Quant à l'homme, les estimations les plus récentes ne lui attribuent guère que 1,5 million d'années.
En remontant l'arbre généalogique des chevaux, il est possible de parcourir — à rebours — le chemin de leur évolution ; on s'aperçoit, en outre, qu'ils n'ont acquis la morphologie de base commune, qui les caractérise tous aujourd'hui, que « très récemment » (en termes archéologiques), il y a environ 1 million d'années. Ce premier *equus* est assez petit (sa taille ne dépasse pas 1,30 m), mais ressemble assez à nos montures. Les reconstitutions qui ont pu en être faites permettent de le décrire avec une tête allongée, des oreilles droites, une crinière et une queue très fournies, des membres forts terminés par un sabot dur. L'existence de ce sabot, unique par membre, le différencie de ses ancêtres, encore plus petits et souvent dotés de plusieurs « doigts ». Parallèlement, leur mode de vie est différent, ainsi que leur alimentation. D'ailleurs, le tout premier ascendant identifié, qui porte le nom d'*eohippus* (d'après l'époque géologique où il fut le plus représenté, l'éocène) et qui vivait il y a environ 56 millions d'années, n'atteignait pas 50 cm au garrot (la proéminence du dos situé à la base de l'encolure et qui sert de référence pour les tailles de tous les équidés) ; il était pourvu de quatre doigts aux membres antérieurs et de trois aux postérieurs ; enfin, il se nourrissait sans doute aussi bien d'animaux que de végétaux.

L'évolution évidente qui conduisit de cet animal, par l'intermédiaire de ses descendants, jusqu'à *equus,* fut sans doute provoquée par les conditions d'existence très rudes qui régnaient alors. Seuls les individus les plus rapides (donc aux membres les plus longs), les plus résistants (donc aux doigts les moins nombreux et pourvus d'une extrémité solide, en l'occurrence le sabot), les plus « adaptés », en quelque sorte, pour échapper aux grands carnassiers, pouvaient vivre assez longtemps pour procréer. Les « enfants » héritèrent de ces qualités, parfois même avec des améliorations dues à des mutations génétiques qui, si elles se sont transmises à leur tour à la génération suivante, ont pu donner le jour à des sujets sensiblement différents des « grands-parents ».
Les animaux les mieux armés pour survivre furent aussi sélectionnés par la compétition qui régna entre eux et leurs parents moins bien lotis, avec la conquête, par exemple, d'une plus grande partie des ressources alimentaires. Ainsi les représentants d'un « nouveau type » restèrent bientôt maîtres du terrain. En près de 55 millions d'années, ces équidés sont ainsi passés de *eohippus* à *equus.*

Le cheval aujourd'hui

Equus, dès son apparition, présenta toutes les caractéristiques qui définissent aujourd'hui la famille des équidés : mammifère herbivore, quadrupède particulièrement adapté à la course par sa morphologie. De ce « tronc commun » dérivent, par exemple, les zèbres, les ânes. Même parmi le groupe plus particulier d'*equus caballus* (le « cheval » à proprement parler), il faut faire la différence entre des « races » distinctes, découlant selon certains auteurs de sous-groupes particuliers. À cette classification doit s'ajouter la catégorie « poney », définie surtout par sa petite taille. Mais tout ceci ne contredit absolument pas la description morphologique commune, issue de l'évolution, et qui, dans ses grandes lignes, est définitivement fixée.

L'appellation des différentes parties du corps du cheval est rendue complexe par l'addition, aux termes « humains », d'autres plus spécifiques à l'espèce équine. Il arrive aussi que les mêmes mots ne désignent pas les mêmes choses ! Ainsi trouve-t-on coude et genou sur le même membre ! Mais, au-delà de ces problèmes de terminologie, l'étude morphologique permet d'apprendre à connaître la monture et d'étudier les implications « cavalières » de son anatomie.
Le corps du cheval comprend trois parties : l'avant-main, tout ce que le cavalier voit devant lui lorsqu'il est en selle (la tête, l'encolure, les membres antérieurs) ; le corps, « sous » la selle (dos, ventre, flancs) ; l'arrière-main, derrière le cavalier (croupe, membres postérieurs et queue).

L'avant-main et l'arrière-main

L'avant-main résume à elle seule les buts poursuivis par l'évolution, durant les millénaires précédant la naissance de l'*equus* actuel. La tête est longue, avec une mâchoire d'herbivore (des incisives pour couper l'herbe, des molaires réunies en « table de broyage » pour l'écraser), des naseaux très ouverts permettant une respiration facile (favorisant ainsi la course), des yeux disposés sur les côtés d'un large front et couvrant un angle de vision étendu, des oreilles très mobiles surmontant la nuque (l'ouïe et la vue sont ainsi bien développées, ce qui est très utile pour un animal qui doit échapper aux prédateurs carnassiers). Cette tête peut être portée haute grâce à une longue encolure (ce qui multiplie l'efficacité des organes des sens déjà cités) ; enfin,

La connaissance de la morphologie du cheval est indispensable à une bonne équitation. Pages suivantes : Chevaux peints, grotte de Lascaux (environ 15 000 av. J.-C.).

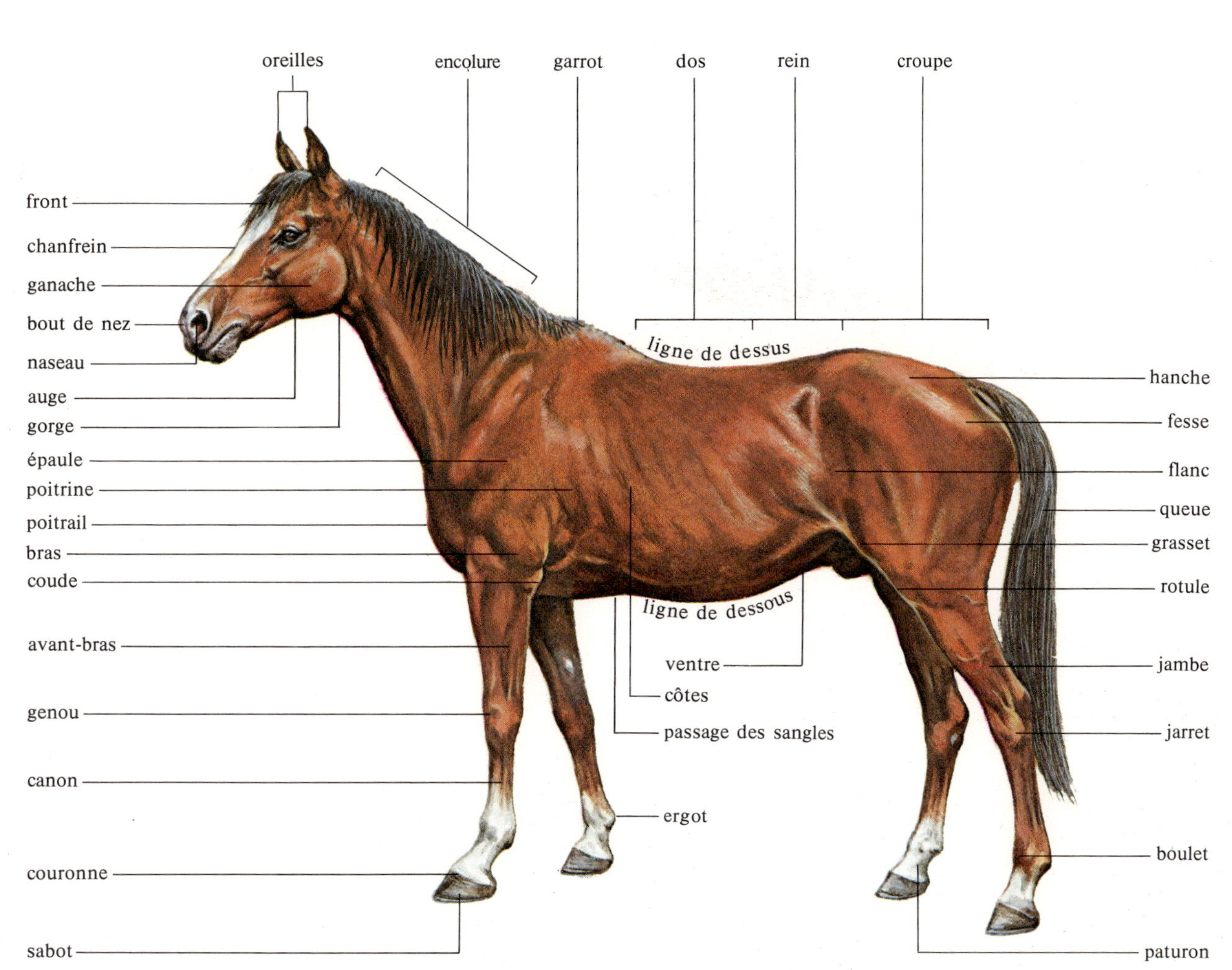

MORPHOLOGIE GÉNÉRALE

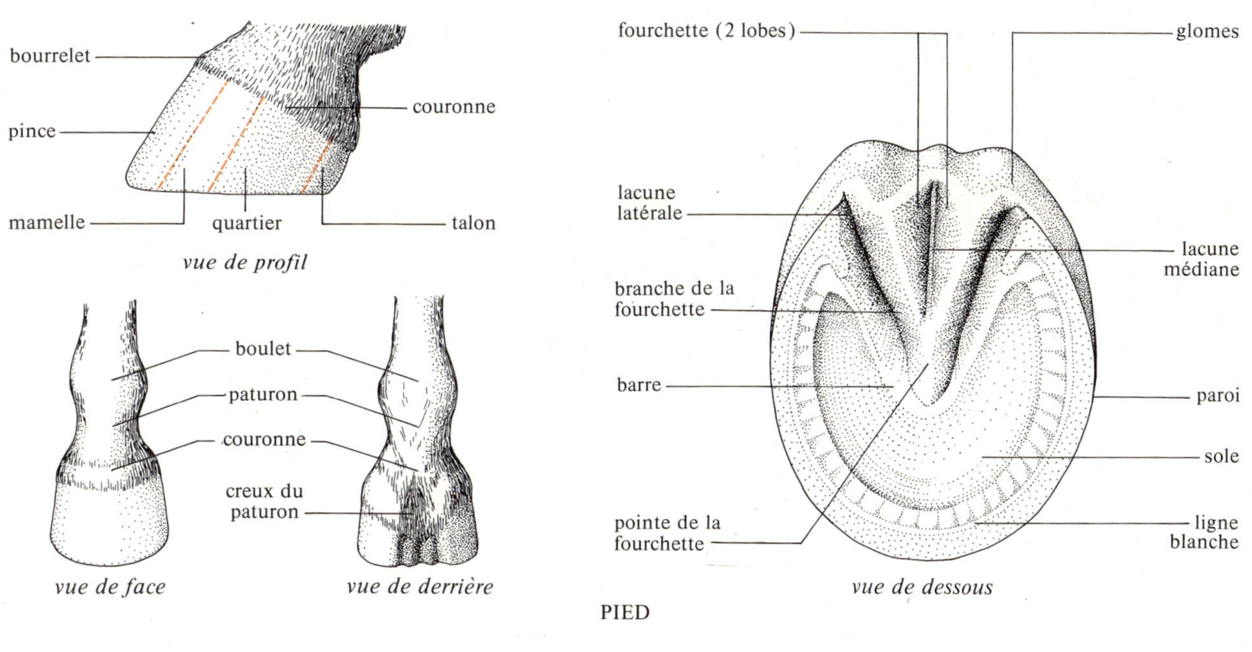

PIED

L'homme, par l'élevage et la sélection, a amplifié les différences naturelles séparant les races d'équidés, comme par exemple le poney shetland et le cheval boulonnais.

le membre antérieur, dont la morphologie toute en longueur est typique d'un animal coureur, présente des articulations solides et des points faibles réduits au minimum : ainsi le seul doigt encore développé a sa dernière phalange bien protégée par un sabot unique, dur à l'extérieur (constitué de corne) et « amortisseur » à l'intérieur grâce à l'existence de plusieurs tissus distincts (chair « veloutée » et chair « feuilletée »).
L'arrière-main représente l'appareil locomoteur par excellence, avec un ensemble « croupe-membre postérieur » puissant dont l'influence est prédominante dans la locomotion.

Le corps du cheval

Le corps peut être considéré comme le point faible du cheval. La ligne du dos épouse la forme de la colonne vertébrale, le garrot (base de l'encolure) étant formé par le prolongement vertical des premières vertèbres dorsales ; le « rein » est la zone correspondant aux vertèbres lombaires, entre le dos et la croupe. Or la silhouette du dos (la « ligne du dessus ») est représentative des aptitudes du cheval aux exercices qui peuvent lui être demandés. Ayant à supporter le poids du cavalier (ce qui n'était pas prévu par la nature !), une monture à la ligne du dessus un peu concave aura tendance à se « creuser » encore plus, ce qui est douloureux pour elle. Le cheval de sport doit donc être choisi avec un dos bien droit, si possible au rein court, et la base du travail sera toujours la musculation de cette région.
Une morphologie comparable peut être décrite pour les zèbres et les ânes — la faiblesse de leur dos expliquant que les zèbres se soient rarement laissé monter. Les poneys, eux, sont identiques, à la taille et aux proportions près. La taille est leur définition même, puisqu'une monture passe de la catégorie de « poney » à celle de « cheval » selon que la hauteur de son garrot est inférieure ou égale à 1,47 m (premier cas), ou supérieure. Quant aux proportions, il semble que la vie rustique des poneys ait contribué à leur conserver une apparence primitive, un peu lourde et hirsute, comme celle que devaient avoir certains de leurs ancêtres. Pourtant, l'homme, en sélectionnant et en croisant les individus, a modifié souvent le travail séculaire de la nature, et beaucoup de poneys ressemblent désormais à des « chevaux miniatures ».

Les chevaux à travers le monde

Si les chevaux actuels descendent d'un ancêtre commun, comment expliquer les différences — mineures, mais existantes — entre ce que nous nommons les « races » ? Les conditions de vie (nourriture, climat) sont-elles seules en cause ? Une hypothèse récente propose plutôt des souches déjà légèrement diversifiées, et non un *equus* unique.
Ainsi l'évolution aurait-elle abouti à quatre types d'*equus*, dont certains chevaux actuels seraient de proches descendants. Le premier type serait le « poney celtique », qui devait ressembler aux actuels poneys exmoor et islandais ; le deuxième type, « norvégien », se rapprocherait du « fjord » et du highlandais ; le troisième, plus grand, aurait ressemblé aux actuels chevaux d'Asie centrale, l'akhal-teké et le karabagh ; enfin, le dernier, d'Asie occidentale, se rapprocherait du « poney caspien ». Tous les chevaux actuels descendraient soit de l'un de ces types, soit de croisements entre eux. Si le cheval de Prjevalski, considéré comme le plus ancien des équidés actuels, n'est pas cité, c'est que son potentiel génétique (le nombre de ses chromosomes) est différent de celui des autres équidés ; il s'est donc certainement détaché très tôt du « tronc commun » et ne s'est plus croisé avec ses cousins ; cela explique en partie qu'il soit resté quasiment identique depuis plusieurs siècles. Le tarpan, lui, représente déjà une étape plus récente de l'histoire équine, puisqu'il serait le croisement entre les types un et quatre cités plus haut. Sa morphologie, assez comparable aux dessins retrouvés dans quelques grottes, le situe quelques siècles après les « poneys » des plus anciennes peintures rupestres.

L'influence de l'homme

À cette distinction d'origine, il faut ajouter les facteurs alimentaires et climatiques qui influèrent sur les individus eux-mêmes en avantageant le plus frugal, dans les régions semi-désertiques, ou le plus poilu, dans les zones froides. Ce n'est que bien plus tard, lorsque l'homme eut développé l'équitation, que des croisements furent effectués selon un certain schéma pour obtenir des individus correspondant à des critères précis : plus solides, plus rapides, plus grands, etc. Les équidés descendant de croisements des types trois et quatre correspondaient, en morphologie comme en répartition géographique, aux desseins des premières grandes civilisations équestres : Mongols, Scythes, Perses.

Peut-être est-ce les petits chevaux de ces derniers, après avoir contourné le Bassin méditerranéen, qui donnèrent naissance par croisement au cheval arabe. Celui-ci, après des siècles d'existence très difficile dans le désert, ne fut plus représenté que par des individus extraordinairement sobres, résistants, rapides. L'homme ne fut pas étranger à cette évolution, et la sélection quasi religieuse instituée par Mahomet à ses fidèles fit du cheval arabe celui qui était le plus « pur », ne s'étant pas croisé avec une autre race depuis des générations. Ses qualités incontestables le rendirent très populaire dès le XVe siècle, après que les invasions musulmanes l'eurent introduit en Europe. Et c'est ainsi que le « sang » arabe devint un critère de valeur et fut recherché dans beaucoup de croisements. Aujourd'hui, il se retrouve parmi les ancêtres de l'andalou, du percheron, de l'anglo-arabe et de bien d'autres. Mais surtout, il fut à la base d'une grande race, baptisée (par ironie ?) « pur-sang anglais », alors qu'elle était formée des produits de juments anglaises autochtones, saillies par des étalons orientaux.
Aussi parler de « races distinctes », pour les chevaux, est-il assez peu rigoureux scientifiquement. Pourtant, chaque pays est fier des siennes et les protège en ne « reconnaissant » que les sujets issus de parents eux-mêmes reconnus comme appartenant à la race considérée.
Après le bref historique présenté ci-dessus, que représentent des archives récapitulant les croisements de quelques dizaines de générations, eu égard aux milliers qui se sont écoulées dans la nature ? Pourtant l'homme a sans doute créé plus de types de chevaux distincts, en quelques siècles, que toute la nature en des millénaires. Était-ce avec raison ou non ? C'est à nous de le dire et d'agir afin que, de toute façon, ce soit pour leur plus grand bonheur.

Les chevaux français

Il existe de nombreuses races de chevaux et poneys en France dont, selon les critères évoqués plus haut d'inscription des origines dans des registres officiels (les *stud-books*), une quinzaine sont considérées comme « françaises ». Paradoxalement, les deux premières sont le pur-sang arabe et le pur-sang anglais : pourtant, l'une comme l'autre sont bien représentées dans notre pays par des « reproducteurs »

« pure race », inscrits depuis de nombreuses générations et donc administrativement aussi autochtones que possible, contrairement à ce qu'exprime leur nom.

Le pur-sang arabe

Quels que soient ses lointains ancêtres, le cheval arabe du type actuel a gagné ses caractéristiques physiques et morales — sobriété, résistance, finesse, éveil — au Moyen-Orient, à l'occasion de la vie rude mais « familiale » imposée par ses éleveurs nomades dans une région semi-désertique. Introduit en Europe au moment des invasions musulmanes déferlant par la péninsule espagnole, il a essaimé dans tous les pays traversés, influençant les races locales ou fondant des souches « pures » soigneusement conservées et entretenues (par l'apport d'un reproducteur venant d'Orient, assez régulièrement, afin d'éviter les dangers de trop fréquents croisements consanguins), tant pour obtenir des produits arabes que pour profiter de l'influence toujours bénéfique qu'apporte l'introduction du « sang » de cette race dans une autre. Car le poulain né de l'union d'une jument locale et d'un étalon arabe aura des caractéristiques maternelles, mais très « affinées », se rapprochant du « type » (du « sang ») oriental, caractères qu'il transmettra d'ailleurs à sa propre descendance. C'est ainsi que le cheval arabe influence depuis des centaines d'années toutes les autres races, de selle ou de travail, et c'est pourquoi il est considéré comme le grand « améliorateur » d'une lignée.
En France, des chevaux arabes sont conservés dans les deux structures existantes, c'est-à-dire, d'une part, les Haras nationaux, dépendants du ministère de l'Agriculture, et, d'autre part, chez des particuliers, en haras privés. Très prisé comme reproducteur, le cheval arabe l'est aussi pour ses qualités de « selle », en cheval de course (il y a des réunions hippiques réservées aux seuls chevaux arabes), de sport ou de loisir.
Pas très grand, le pur-sang arabe est fin et ne pèse pas plus de 350 à 400 kg. Idéalement, son corps est inscriptible dans un carré, défini par les aplombs des membres antérieurs et postérieurs, et la ligne du dos. La tête est bien dessinée, le front large et plat, le bout du chanfrein légèrement concave. Il a les yeux à fleur de tête, et ses petites oreilles mobiles lui donnent un air très « éveillé ». Les membres sont secs (avec les tendons bien visibles), les sabots petits et durs. La poitrine, au niveau du passage de sangle, est profonde, et les côtes un peu rondes. La queue est plantée haut. La robe du cheval arabe est le plus souvent grise, gris pommelé, avec parfois les extrémités foncées ; mais elle peut être alezane ou baie. Les crins sont fins, soyeux, souvent portés très longs.

Le pur-sang anglais

L'élevage français peut s'enorgueillir de compter depuis un siècle parmi ses produits certains des meilleurs pur-sang anglais du monde. Si cette dénomination d'outre-Manche leur est restée, c'est qu'effectivement la race est originaire de Grande-Bretagne. Dès le XVIIe siècle, les Anglais commencèrent à affiner certaines lignées de leurs chevaux autochtones, en important des reproducteurs orientaux. La naissance des courses et la passion qu'elles inspirèrent incitèrent les Anglais, méthodiques, à sélectionner très précisément les meilleurs éléments, à les faire reproduire avec des chevaux plus fins pour donner aux produits plus de vitesse, et à les croiser entre eux pour obtenir des enfants encore plus rapides. Ce fut le début d'un élevage très réglementé, qui nécessita des informations précises sur les croisements effectués et donna lieu aux premiers registres officiels, les fameux *stud-books* sur lesquels devait être inscrit tout sujet se réclamant de la race considérée, pour être *thoroughbred* ou « pur-sang ».
Les trois ancêtres les plus connus des actuels pur-sang anglais sont *Byerley Turk, Darley Arabian* et *Godolphin Arabian.* Importés respectivement en 1689, 1705 et 1728, ils ont chacun une histoire (plus ou moins romancée) dont la plus connue est celle de *Godolphin Arabian,* offert à Louis XV par l'empereur du Maroc, mais vendu à cause de son caractère difficile et redécouvert par un marchand anglais comme « cheval de voiture » dans les rues de Paris. Emmené en Angleterre, il servit longtemps de « boute-en-train » dans un haras, jusqu'au jour où il saillit réellement une jument ; le petit-fils de cette union, le fabuleux *Éclipse,* est resté dans la légende pour n'avoir jamais perdu une course !
Le pur-sang fut introduit en France à la fin du XVIIIe siècle. Alors que les courses étaient déjà bien organisées en Angleterre, rien de tel n'existait en France, et il fallut attendre 1833 pour que fût créée la Société d'encouragement pour l'amélioration des races de chevaux en France, qui développa hippodromes et réunions hippiques dans notre pays.

Dès le milieu du XIXe siècle, notre élevage avait rattrapé son retard ; la preuve en est *Gladiateur,* qui gagna en 1865 (à trois ans) la « triple couronne » anglaise, composée des fameux 2 000 Guinées, Derby d'Epsom et Saint-Léger, ainsi que le Grand Prix de Paris et, l'année suivante, la Coupe d'or à Ascot. Le « Vengeur de Waterloo », comme il fut surnommé à l'époque, a encore sa statue à l'entrée de l'hippodrome de Longchamp, à Paris !
Le pur-sang actuel est plus grand que ses ancêtres, puisqu'il atteint parfois 1,80 m. Toutefois c'est là une taille extrême, et la moyenne se situe vers 1,70 m. Il a une silhouette longiligne, amplifiée par sa ligne du dessous souvent « levrettée » (relevée derrière le ventre comme chez le lévrier) ; la tête est fine, l'encolure longue, les membres grands et l'ossature peu épaisse. Son caractère instable est souvent attribué aux influences consanguines, comme une certaine fragilité, tant nerveuse que physique. Toutes les robes unies sont admises.
Créé pour la course, le pur-sang reste avant tout un cheval d'hippodrome, en plat ou à l'obstacle. Pourtant, certains brillent aussi dans d'autres disciplines, comme le dressage et le concours hippique. Mais ils ne sont pas très nombreux et, dans ces spécialités, le pur-sang anglais joue plutôt le rôle d'améliorateur pour des races ayant moins de « sang », comme le pur-sang arabe a fait pour lui.

L'anglo-arabe

Dans le sud-ouest de la France existaient au XIXe siècle des chevaux déjà « affinés » par le séjour des cavaleries orientales dans la région quelques siècles auparavant. Un directeur des Haras nationaux, M. Gayot, entreprit alors d'apporter du sang arabe pur et anglais à cette souche, et aboutit à un cheval léger baptisé « anglo-arabe ». Un *stud-book* fut ouvert, pour préserver l'intégrité de la nouvelle race, et on institua des « pourcentages » pour définir les degrés de sang de chaque origine : un fils (ou une fille) de pur-sang anglais et de pur-sang arabe est à 50 %, un fils d'anglo-arabe (50 %) et de pur-sang anglais est à 25 %, tandis que celui (ou celle) d'un anglo-arabe (50 %) et d'un pur-sang arabe est à 75 %. Tous les pourcentages sont ainsi possibles, par le jeu des croisements, mais seuls les produits à 25 % et plus peuvent être inscrits au *stud-book* de la race.
L'anglo-arabe a une taille intermédiaire, entre celle de ses « parents » anglais et orientaux ; il toise en effet entre 1,45 m et 1,60 m. Ses lignes sont fines mais plus rondes toutefois que celles de l'arabe. De lui, il tient souvent un profil concave, une tête petite et expressive. Les membres sont fins, mais solides. Il est plus ou moins grand et développé selon sa région d'origine, d'un format plus important dans le Limousin que dans les Pyrénées. Sa robe est alezane, parfois grise. Il constitue finalement un excellent cheval de sport, malgré son

format un peu petit. Il a lui aussi des courses qui lui sont réservées, dans sa région d'élevage.

Le cheval de selle français

Cette dénomination relativement récente (1958) regroupe en fait les chevaux de selle régionaux, issus le plus souvent du croisement de pur-sang anglais et de juments autochtones, comme les demi-sang charolais, vendéens, anglo-normands. Tous ces chevaux de selle, bien que dissemblables dans leurs origines, ont en commun une grande taille et une solidité certaine, qui permettent, après l'apport de sang anglais, d'obtenir des produits hautement compétitifs — et, à ce titre, vendus dans le monde entier. Rappelons seulement que c'est grâce à eux que l'équipe de France de saut d'obstacles a été championne du monde en 1982 et en 1990.
Le selle français est grand, parfois même très grand (jusqu'à 1,80 m !). Il est fortement charpenté et possède généralement de bons membres. De caractère plus ou moins docile selon son degré de « sang », il est le cheval de sport et de loisir type. Les couleurs de robes les plus fréquentes sont le bai et l'alezan.

Le trotteur français

Plus anciennement défini que son cousin le selle français, puisque son *stud-book* a été constitué entre 1922 et 1951 (aujourd'hui, seuls les enfants de parents inscrits peuvent être inscrits), le trotteur français a en fait avec lui des origines communes. Il s'agit en effet de croisements de chevaux demi-sang avec des étalons pur-sang anglais, et quelques trotteurs américains. La sélection s'est ensuite effectuée sur les aptitudes au trot, jugées en course entre deux et cinq ans : les jeunes chevaux doivent trotter (attelés ou montés) le kilomètre en des temps imposés selon leur âge.
Cheval assez grand, le trotteur français mesure en moyenne 1,68 m au garrot. D'aspect robuste, il est puissant comme ses ancêtres autochtones, dont il a d'ailleurs parfois le profil un peu convexe. Très docile, il constitue un excellent cheval de selle, s'il n'est pas sélectionné pour les courses et une fois qu'il a repris l'habitude de galoper ! Il est bai ou alezan.
Le trotteur français est le meilleur au monde dans sa discipline (*Idéal du Gazeau, Lutin d'Isigny* et, en 1990, *Rêve d'Udon* se sont succédé au palmarès du Championnat mondial des trotteurs, couru chaque année à New York), qu'il soit attelé ou monté. Il faut savoir que les courses montées, même attelées, si elles sont typiquement françaises, sont sans doute à la base de cette suprématie, car elles exigent de nos chevaux une puissance et une solidité qui semblent faire défaut aux trotteurs étrangers.

Les chevaux lourds

Les chevaux lourds ont longtemps constitué la richesse de la France, lorsque leur puissance et leur diversité étaient au service de l'agriculture, des transports, de la vie quotidienne du pays. Même aujourd'hui, alors que la mécanisation a porté à leur utilité un coup fatal, ils représentent un potentiel équin envié dans le monde entier. Grâce aux éleveurs particuliers, et au service des Haras, qui ont, par passion, préservé ce patrimoine, les races lourdes françaises retrouvent depuis quelques années une certaine popularité, entretenue par des manifestations folkloriques (présentations, compétitions de traction, attelages, courses) et peut-être bientôt développée par un réel retour du cheval au travail dans les petites exploitations et les tâches spécialisées (primeurs, vignes, houblonnières, betteraves, débardage de bois, travail à la ferme, etc.).
Les traits français ont en plus comme avantage d'allier à leur grande puissance et à leur docilité une beauté qui n'est pas sans toucher profondément tout amoureux de la nature : à notre époque, il devient presque nécessaire de voir, par-ci par-là, un cheval à la place d'un tracteur. Voilà peut-être l'avenir du cheval lourd : être le moteur auxiliaire de bonne compagnie !

L'ardennais

Comme les autres races lourdes, la race ardennaise porte le nom de sa contrée d'origine. Très ancienne, elle a bénéficié des premiers apports de sang arabe, au Moyen Âge, qui l'affinèrent un peu en vue de la rendre tout à fait apte aux fonctions de monture, pour les chevaliers et leurs lourdes armures. De nouveaux croisements l'ont encore allégée au moment des guerres napoléoniennes, durant lesquelles il fut le principal « tracteur » d'artillerie. Il reste aujourd'hui encore moins « lourd » en France qu'en Belgique. Avec une taille d'environ 1,60 m, il peut atteindre 1 000 kg. Il peut être bai, rouan, aubère ou gris. Il travaille encore dans les exploitations forestières des Ardennes et, de plus, est recherché comme améliorateur d'autres races lourdes.

L'auxois

C'est l'un des moins représentés. Pas très grand, il est puissant surtout dans son arrière-main ; sa tête est petite, carrée, accentuant l'impression « compacte » qu'il dégage. Il peut être bai, rouan ou aubère.

Le boulonnais

Il semble être le plus ancien de nos chevaux lourds, puisqu'il apparaît (ou tout au moins l'un de ses ancêtres proches) dans les *Commentaires* de Jules César. Il servit, à l'époque, de cheval de trait pour les lourds chariots d'étain redescendant vers le sud. Il est grand et, malgré sa masse (600 à 800 kg), paraît léger, car il a « de l'air sous lui » (il est haut sur ses membres). Puissant, docile, il est un excellent auxiliaire dans sa région d'origine où les pluies rendent souvent les champs (notamment à l'époque de l'extraction des betteraves) impraticables aux tracteurs. Sa robe est blanche, grise, parfois noire.

Le breton

En fait, il faudrait dire « les bretons », puisqu'il existait trois types de trait dans cette région : le « gros », le « léger » et le « corlay ». Ce dernier a pratiquement disparu, et seuls restent le « gros breton », au corps puissant avec des membres solides fortement poilus, énergique, et le « trait léger » ou « postier breton », plus petit mais tout aussi robuste et rustique. C'est ce dernier qui, comme son surnom l'indique, était très prisé comme cheval de poste pour son endurance. Tous deux peuvent être gris, alezans, rouans ou aubères.

Le comtois

La race comtoise est celle qui semble se redévelopper le plus rapidement. De type « rond », compact, avec des membres aux bons aplombs, ce cheval est élevé jusque dans le Morvan et dans le Massif central où il prend un peu le modèle de l'ardennais, en plus léger. De caractère placide, il peut être un excellent travailleur, bien que moins fort que le breton ou le boulonnais, par exemple. Le comtois est toujours alezan.

En France sont élevées des races distinctes, mais apparentées. Pages suivantes, à gauche, l'arabe et le selle français, à droite, le pur-sang anglais et l'anglo-arabe.

Le percheron

C'est la race lourde qui a le plus subi l'influence du sang arabe, au point d'être définie au XIXe siècle comme un « arabe grossi par le climat et par la rusticité des services auxquels il est employé depuis des siècles ». Élégant, malgré sa masse, le percheron est très apprécié à l'étranger; de nombreux reproducteurs ont été achetés par les États-Unis, la Grande-Bretagne, le Japon, et s'il n'est plus tellement utilisé dans les travaux des champs, il est le « clou » de très nombreuses manifestations, expositions (et même courses) de par le monde. Grand (jusqu'à 1,70 m), assez carré tout en présentant beaucoup de « finesse », il pèse entre 800 et 1 000 kg. Ses bonnes proportions, son caractère vif et courageux en font un reproducteur apprécié comme améliorateur d'autres races lourdes. Sa robe grise a d'ailleurs été « foncée », par croisement, jusqu'au noir chez certains produits, pour s'adapter à la demande d'importateurs japonais (chez qui le blanc est signe de deuil). Cette action commerciale prouve à la fois le dynamisme de l'élevage et sa cote grandissante hors de nos frontières.

Le trait du Nord

Souvent confondu avec l'ardennais, ce cheval est pourtant un peu plus massif et plus grand. Il peut atteindre 1 000 kg; il est bai, rouan ou aubère.

Le cheval camargue

Le camarguais (ou cheval camargue) illustre parfaitement l'arbitraire distinction entre les chevaux et les poneys : la différence entre les deux est en effet officiellement la taille au garrot, dont la limite est 1,47 m (avec une tolérance de 1 cm); d'un côté se trouvent donc les poneys, de l'autre les chevaux. Or, par-delà le fait qu'au sein d'une même race des individus peuvent être d'un côté ou de l'autre de cette limite (et par conséquent classés dans l'une ou l'autre catégorie), voici un équidé qui, ses proportions se rapprochant plus de celles d'un cheval (rapport entre la grosseur de la tête et du tronc, et la longueur des membres), est appelé « cheval » camargue, alors que sa taille moyenne est de 1,40 m !
Toutefois, ce paradoxe nous permet une transition facile entre les deux catégories. Ce cheval camargue est intéressant à plus d'un titre : par ses origines, tout d'abord, que les scientifiques s'accordent à faire remonter au néolithique (entre 5000 et 2500 av. J.-C.), par les similitudes qu'il présente avec les fossiles trouvés dans le site archéologique de Solutré. Il serait donc l'un des plus anciens descendants, en ligne directe, de l'hypothétique ancêtre commun à tous les équidés. Cela est moins étonnant qu'il n'y paraît de prime abord, puisqu'il vit à l'écart du reste du monde, protégé des influences extérieures par le barrage des marais. Voilà une autre caractéristique très intéressante ; cette vie isolée depuis des millénaires dans le delta du Rhône, la Camargue, n'a pas seulement donné son nom à ce cheval, mais aussi des conditions de vie telles qu'il fut à la fois préservé des croisements avec d'autres races et obligé de s'adapter à une nourriture, des relations de groupe, un climat particuliers. Les manades constituent d'ailleurs le sujet d'études poussées sur la vie des chevaux en liberté.
Par ailleurs, son caractère docile et courageux, son agilité, sa sobriété, en font une monture très agréable, et les gardians séparent toujours du troupeau et dressent de jeunes étalons, qui deviendront des auxiliaires à part entière dans le travail qu'ils auront à effectuer par la suite. Enfin, le développement de la randonnée, dans cette région, conduit également les manadiers à dresser des hongres et des juments. Sa taille (1,35 m à 1,45 m) a longtemps fait considérer le camargue comme un poney. Il a des membres solides, un dos plutôt long, une tête carrée — au chanfrein rectiligne — très différente de celle des chevaux orientaux. Sa robe, foncée à la naissance, vire au gris clair à l'âge adulte.

Le cheval camargue, isolé dans les marais du delta du Rhône, semble ne pas avoir changé depuis 7000 ans, et vit encore aujourd'hui en semi-liberté.

Les poneys d'origine française

Le poney landais

Comme son nom l'indique, il réside dans la région des Landes, avec comme berceau de race les prairies marécageuses du bord de l'Adour. De taille inférieure à 1,35 m, il est rustique bien que très élégant. Très doux et robuste, c'est un excellent poney d'attelage.

Le pottock

Monture typique du Pays basque, c'est le « cheval sans frontière » par excellence ; utilisé sur un versant comme sur l'autre des Pyrénées, il a largement bénéficié de courants de sang barbe et arabe. Cela explique en partie certaines variantes au sein même de la race, avec un type toisant de 1,15 m à 1,30 m, un autre pouvant atteindre 1,47 m, enfin un dernier... pie, dont la robe à grosses taches de couleur le différencie fortement des autres, généralement bais-bruns. Les pottotak (pluriel de pottock) sont vifs, robustes et ont le pied sûr : ils excellent donc en randonnée, par exemple en montagne (avec ou sans traversée de douanes !).

Le merens

Le « cheval ariégeois » est grand (jusqu'à 1,47 m), de robe noire. Son dos fort et ses membres solides en font un excellent porteur. Courageux, calme, il convient aussi très bien à l'attelage. Ses caractéristiques semblent inchangées depuis... fort longtemps, puisque certains dessins de grottes préhistoriques, à Niaux, le représentent de manière saisissante.

Le poney français de selle

Il résulte de la reconnaissance par les Haras nationaux d'un certain nombre de croisements entre races différentes ; cela conduit à l'obtention d'un poney sans caractéristiques très précises, si ce n'est de solides qualités à la selle. Il mesure entre 1,25 m et 1,47 m, et a généralement un dos fort et des aplombs corrects. Toutes les robes sont admises. Ses sports de prédilection seront le concours hippiques, le concours complet, le dressage, la randonnée.
Il existe de nombreuses autres races de chevaux et de poneys dont les principales font l'objet d'une description résumée en fin d'ouvrage.

Les cavaliers

Histoire de l'équitation

Il est généralement admis que notre ancêtre (baptisé « australopithèque » par les scientifiques) découvrit le feu et perfectionna ses outils, comme le silex (taillé en biface), il y a moins d'1 million d'années. *Equus,* lui, avait déjà acquis sa morphologie « actuelle », depuis plus de 300 000 ans. Comment leur rencontre s'est-elle effectuée ? La seule certitude que nous puissions avoir est que l'« homme » se révéla déjà comme un prédateur redoutable et que le cheval devint l'une de ses proies favorites, au même titre que les cerfs et les aurochs. La technique de chasse très au point du premier compensait son manque de rapidité et l'absence, encore, d'armes de jet : il rabattait les troupeaux, avec des torches, vers un précipice au fond duquel les animaux affolés tombaient. Les vestiges fossiles de ces méthodes cynégétiques se retrouvent, en France, au pied de la roche de Solutré. Quant aux sites archéologiques riches en restes de festins hippophagiques, citons entre autres Soleilhac (Haute-Loire) où a été retrouvé l'ensemble d'habitat le plus ancien d'Europe (– 800 000 ans), et Tautavel (Pyrénées) avec le plus vieil hominidé français découvert (– 450 000 ans).
Avec l'apparition de l'*Homo sapiens,* il y a 37 000 ans, les techniques s'enrichissent (épieux, flèches) ainsi que l'art (peintures rupestres) ; le cheval est beaucoup représenté, et on le retrouve dans les scènes de chasse sur les parois des grottes de Lascaux (Dordogne) et de Niaux (Ariège). Il faut donc considérer les premières années de coexistence avec *equus* comme une longue période de poursuites et de massacres !

La domestication

Il y a moins de 10 000 ans que l'homme domestique certains animaux. Cette évolution correspond à une certaine sédentarisation de peuplades qui, autrefois, subsistaient de cueillette et de chasse, et devinrent agriculteurs-éleveurs. Toutefois, les premiers troupeaux (ceux de moutons et de chèvres, puis de bovidés), en prenant de l'extension, exigent des déplacements pour renouveler les pâturages et poussent à nouveau certaines tribus au nomadisme. C'est sans doute celles-ci, dans les steppes de Russie ou d'Asie centrale, qui ont l'occasion les premières d'« apprivoiser » le cheval. Leur expérience des animaux semi-sauvages et leurs besoins sans doute les conduisent à capturer quelques individus (des juments et leurs poulains, moins rapides que le reste du troupeau) et à débuter un élevage, il y a environ 4 000 ans.

Toutefois le but de cette domestication est encore... alimentaire ! Il s'agit en effet pour ces peuples d'avoir à leur disposition des réserves importantes et renouvelables. Mais quel que soit le motif, l'homme sait désormais s'occuper du cheval. D'ailleurs la viande n'est plus seule en cause, et les juments sont traites. La boisson fermentée ainsi fabriquée (le *koumis,* toujours apprécié dans certaines régions soviétiques) est un lien supplémentaire qui se crée.

Le premier cavalier

Qui, le premier, eut le geste historique d'enfourcher un cheval ? Est-ce un chasseur, voulant imiter l'attaque du fauve qui bondit sur l'échine de sa proie, et qui s'est vu emporter au triple galop par une monture plus forte qu'il ne le croyait ? Ou bien est-ce un sage qui, ayant pensé à utiliser cet animal domestiqué, l'aurait déjà attelé, puis ensuite monté ? À moins que ce ne soit l'œuvre d'un rêveur, premier poète enthousiasmé par le galop flottant de ces coursiers et voulant partager leur vol contre le vent ?
Les documents nous manquent pour jamais élucider cette énigme. Cependant, les plus anciennes utilisations des bœufs et des ânes, attelés déjà 6 000 ans av. J.-C., ainsi que l'expérience acquise par des civilisations sans chevaux (traîneaux, travois tirés par les rennes en Scandinavie, les chiens en Amérique du Nord avant la réintroduction des équidés) semblent confirmer l'idée d'une préexistence de l'attelage par rapport à la monte. Toujours est-il que, vers 3 000 ans av. J.-C., un peuple (turkmène ? mongol ?) développa les premiers rudiments de l'équitation.
Ces débuts furent sans aucun doute difficiles et la technique très précaire, puisque dans la principale occupation de l'homme, qui était déjà de faire la guerre, les chars resteront longtemps dominants par rapport à la cavalerie. En fait, celle-ci n'intervenait pas directement dans la bataille, mais servait de transport, chaque cheval étant monté par deux hommes, dont l'un était déposé ainsi rapidement à l'endroit voulu sur le terrain. Toutefois, dès le XIe siècle av. J.-C., l'armée montée devient prépondérante. Pour que le cavalier puisse se battre, il faut que sa monture lui obéisse parfaitement, et ainsi se développe réellement l'équitation, avec des traités militaires sur le dressage du cheval comme ceux du Grec Xénophon (427-355 av. J.-C.).
La civilisation romaine n'apporte rien, et c'est de l'est, avec les Barbares, que vient la révolution suivante, dans l'histoire commune de l'homme et du cheval : l'utilisation de l'étrier.

L'étrier

Ce n'est rien qu'un morceau de bois, puis de fer, suspendu par deux courroies de cuir à la peau de mouton attachée sur le dos du cheval. Et pourtant, cette trouvaille, par l'aisance qu'elle procure au cavalier, qui y a glissé les pieds, va précipiter la chute de l'Empire romain et faire entrer l'Europe dans le Moyen Âge. Est-ce une invention chinoise ou mongole ? Les historiens ne sont pas tous d'accord, et d'ailleurs les liens entre ces deux peuples sont si serrés à l'époque qu'attribuer la découverte de l'étrier à l'un ou à l'autre n'apporte pas grand-chose sur le plan historique. En revanche, son influence est capitale dans l'issue des rencontres entre cavaleries orientales et méditerranéennes : l'expérience équestre des Hittites transmise à la cavalerie numide, comme les leçons grecques données aux légions montées romaines ne peuvent rien contre le déferlement des hordes de petits chevaux mongols habilement montés par des archers beaucoup plus à l'aise que leurs adversaires. Cette suprématie due à ce nouvel harnachement bouleversa l'histoire et introduisit de nouvelles données hippiques.
Avec l'étrier, et donc la plus grande stabilité sur le dos du cheval, va en effet bientôt apparaître la chevalerie, mettant en selle des monstres bardés de fer. L'influence sur l'élevage est importante, puisqu'il faut désormais des montures suffisamment puissantes pour emmener au galop l'homme et son armure ! Paradoxalement, c'est à nouveau une perte de mobilité qui est ainsi engendrée — et une perte de finesse

Cette enluminure des* Riches Heures du duc de Berry *montre l'importance du cheval au Moyen Âge (en dehors de la guerre), monté, attelé aux champs, ou mythologiquement ailé.

Pages 24, 25 : cheval « nu », symbole de liberté. Ci-contre : si l'équitation a perdu son caractère utilitaire, elle gagne la faveur des cavaliers de sport et de loisir.

dans le dressage ; c'est l'époque des longs éperons, pour pousser au galop la monture sans être obligé de trop bouger les jambes, et des mors très brutaux pour freiner l'élan d'une masse devenue considérable. C'est une autre innovation venue de Chine qui mettra fin à ces divagations : la poudre.

La poudre

Des massacres comme ceux de Crécy (1346) ou d'Azincourt (1415) montrent à la chevalerie la vulnérabilité qui est désormais la sienne, cible trop lente qui est fauchée à bout portant. Il faut pourtant attendre les guerres italiennes pour que nos lourds cavaliers découvrent un pays en pleine Renaissance, où l'équitation est devenue un art parmi d'autres et où la légèreté, la finesse, conduisent à une efficacité nouvelle.
Que ce soit pour l'esthétique ou, plus certainement (malheureusement), pour la réussite entraînée par cette nouvelle équitation, la mode s'étend d'un dressage très poussé remettant en valeur les qualités de souplesse et la vivacité du cheval. C'est en France que cet art équestre va atteindre son apogée, avec l'utilisation d'« aides » de plus en plus imperceptibles de la part du cavalier : la jambe, comme la main, ne doivent plus être vues en action.
Ainsi débute l'âge d'or du dressage « académique », avec des noms illustres comme ceux de Pluvinel, puis plus tard d'Aure, Baucher, L'Hotte, etc. Les chevaux sont désormais choisis légers, « brillants » dans leur allure. Ce sont au départ des montures venues d'Espagne, des andalous ou des descendants des chevaux arabes ayant séjourné longtemps dans la péninsule ibérique. Puis les guerres de colonies ont amené des importations de chevaux orientaux, barbes et arabes, déjà fort prisés des armées napoléoniennes après la campagne d'Égypte. En Angleterre est apparue la folie des courses créées par et pour une nouvelle race : le pur-sang anglais. L'équitation se pratique de plus en plus fréquemment par plaisir, puisqu'elle est légère, esthétique, « artistique » même. C'est ce qui va sauver le cheval, menacé dans son utilité par la révolution industrielle.

Le moteur

Avec l'apparition de véhicules autotractés, c'est le cheval de transport et de trait qui est concurrencé. Avec la motorisation des armées, c'est le cheval de guerre qui disparaît, après deux mille ans de sacrifices. Depuis le début du siècle, la population chevaline a été décimée, des siècles de services balayés par la motorisation ; les tracteurs remplacent les chevaux aux champs, les camions et les autobus les remplacent sur les routes et dans les villes.
Si l'étrier et la poudre ont fait évoluer l'équitation, le moteur, lui, avait condamné le cheval. Heureusement, le mouvement, déjà entamé au XIXe siècle, du cheval-plaisir, avec les courses, les cirques, les amazones et les querelles de doctrines académiques, avait préparé la voie pour l'équitation d'aujourd'hui, de sport et de loisir.

Être cavalier aujourd'hui

Dès le siècle dernier, des associations de *gentlemen-riders* se sont créées, regroupant en leur sein des passionnés de courses qui voyaient le cheval à la fois comme compagnon de sport et de loisir. Avec le *military,* c'est l'armée qui institua une épreuve très athlétique, qui allait donner plus tard naissance au concours complet ; ce sont des militaires aussi (Caprilli en Italie, puis Danloux en France) qui, passionnés de sports équestres, ont introduit la monte « en avant » sur les obstacles, ce qui permit au concours de se développer.
Et le dressage, discipline encore très appréciée dans notre pays au début du siècle, nous rapporta plusieurs médailles aux premiers jeux Olympiques.
Aujourd'hui, plus encore que le sport, c'est la nature que le cheval nous aide à redécouvrir. Comment mieux pénétrer l'environnement que par l'intermédiaire de ce compagnon animal, qui y est à sa place ! C'est tout cela qui sauve l'équitation, en poussant les hommes à devenir cavaliers.

Un sport à part entière

La pratique de l'équitation, il y a quelques années, avait pourtant une mauvaise image de marque. Loisir de « riches », cela semblait être l'occupation du dimanche matin de personnes un peu hautaines, en gants blancs, auxquelles la monture était apportée sellée et qui partaient avec elle une ou deux heures à travers bois.
De nos jours, monter à cheval n'est, par bonheur, plus perçu ainsi : que le cavalier choisisse de se perfectionner sur la carrière, de travailler seul en extérieur ou de préparer une épreuve de concours, il lui faut de la patience, de l'endurance physique, du souffle, comme pour tout sport de précision. Il devra en outre posséder beaucoup de « tact », car ses relations avec cet autre être vivant, avec lequel il doit s'entendre, conditionneront tous ses progrès. Cette dimension supplémentaire à tous les autres sports compense largement la non-utilisation de la « force », mot d'ailleurs proscrit du vocabulaire équestre.
En revanche, le véritable « homme de cheval », celui qui s'occupe de sa monture bien au-delà des quelques heures qu'il passe en selle, a également des activités complémentaires qui n'existent nulle part ailleurs : l'entretien de l'animal et des harnachements, la nourriture, la surveillance de l'écurie, tout cela influe sur la carrière d'un « crack » et doit donc être vérifié par le cavalier de compétition. L'équitation est en cela beaucoup plus riche d'enseignement que toutes les autres activités dites « sportives ». Et de cette expérience seule peut découler le titre d'« homme de cheval », comme seul le marin peut être « homme de la mer » et le montagnard « homme de la montagne ».

L'appel de la nature

À cette dimension purement équestre, il faut ajouter l'apport, inestimable dans notre civilisation, d'une certaine découverte de la nature. C'est le cas pour les heureux randonneurs qui parcourent ainsi le « vrai pays », celui où n'accèdent ni les voitures, ni les piétons-touristes. Mais c'est aussi l'approche d'un être vivant, avec son caractère et ses habitudes, ce que les citadins vivent désormais, malheureusement, si peu souvent.
Voilà d'où vient l'extraordinaire succès de l'équitation scolaire : au-delà du sport agréable, les jeunes élèves trouvent un autre mode de vie, avec ses moyens de communication différents ; et la plus grande compréhension, la tolérance qu'ils apprennent dans ces échanges leur permettent de comprendre enfin que le langage est un trait d'union, un pont jeté entre toutes choses, et non la simple expression de leur volonté. Ce message de l'équitation, ils le rechercheront ensuite entre eux et s'émerveilleront de le rencontrer aussi dans la nature elle-même. Cet appel que notre civilisation reçoit, faiblement, cette envie de retour « au vert », ces enfants sauront les traduire et y répondre. Les obstacles de « confort », de « sécurité », qui parfois empêchent les adultes de franchir le pas, de partir en randonnée à cheval ou, tout simplement, de monter une heure, en extérieur, ne gêneront

plus ces jeunes centaures qui retrouveront peut-être ainsi la sagesse prêtée, dans la mythologie, à ces êtres fabuleux mi-hommes, mi-chevaux.

La passion d'une vie

Beaucoup ont déjà franchi le pas : après la pratique de l'équitation, c'est l'amour de l'animal lui-même qui prend le relais. Et c'est ainsi que se multiplie enfin en France, en Belgique, en Suisse, ce qui existe depuis des décennies en Irlande et en Angleterre, c'est-à-dire des « cavaliers indépendants », qui sont en fait des « hommes de chevaux » indépendants.
De plus en plus, une famille se dote d'une maison avec un « bout de terrain » et héberge son cheval chez elle. Certains diront que « c'est le début des soucis et des corvées » ; d'autres, simplement, souriront, en pensant au plaisir qu'ils ont eu en réalisant leur rêve. Avoir son cheval chez soi, cela signifie le regarder vivre, s'inquiéter souvent pour lui, surveiller sa nourriture et nettoyer son box, surtout « sentir » s'il va bien ou pas et s'alarmer au moindre signe de troubles. Mais c'est aussi l'entendre la nuit, lui jeter le premier coup d'œil le matin, lui donner la dernière caresse le soir. Enfin, ce sera peut-être un jour l'immense joie d'accueillir un nouveau-né, le poulain d'une jument qu'on a jalousement regardée grossir pendant onze mois. Et ce sera l'apprentissage de ce petit à la vie, avec ses instincts qui le pousseront à se lever et à téter dès la première heure, puis bientôt à courir, aussi vite que sa mère ! Puis ses sens qui lui indiqueront que vous êtes un ami en qui il peut avoir confiance. A partir de là, ce sera l'apprentissage d'un langage nouveau, toujours plus ou moins original et conventionnel entre lui et vous. Le débourrage, le dressage ne seront que des étapes parmi d'autres, des jalons dans le courant d'une passion. Et comme le « virus » est très contagieux, vous ferez à votre tour partager cette passion à d'autres !

Pourquoi abandonne-t-on l'équitation ?

Une récente enquête faite par la revue *Cheval Magazine* indique à la fois le profil des cavaliers français et les principales raisons invoquées lors de l'abandon. Il faut partir des conditions générales, qui indiquent que les pratiquants sont répartis en deux tiers de femmes et un tiers d'hommes ; les tranches d'âges sont elles aussi inégales, avec 10 % de 9 à 15 ans, 73 % de 16 à 35 ans, 4 % de plus de 50 ans... Contrairement à la plupart des autres sports, l'équitation ne sépare donc pas mari et femme (ce qui pourrait être, dans un ménage, une cause d'arrêt de la discipline), ne semble pas pâtir du cycle des études et est même pratiquée par des personnes relativement âgées. D'où vient alors la lassitude qu'une grande partie des débutants (35 % par an) et des confirmés (7 % d'arrêts définitifs et 40 % temporaires d'après l'enquête citée plus haut) semblent éprouver ? Les réponses rendent les clubs responsables à plus de 60 % : la mauvaise ambiance et la routine viennent en tête, devant l'insuffisance et les limites de l'instruction, et le mauvais état des chevaux proposés. La critique est sévère et explique à la fois la tendance du « cheval chez soi » et le développement de structures moins rigides, pour la randonnée par exemple.
L'éducation militaire, excellente en son temps et qui permit de sauver l'équitation tout entière en conservant après la Seconde Guerre mondiale des cadres qui purent former des cavaliers civils, a en revanche trop marqué l'enseignement d'un autoritarisme qui n'est plus de mise avec les aspirations nouvelles de sport et de loisir. Il n'est plus question de « mettre à cheval » un engagé qui doit savoir manœuvrer à la queue leu leu au bout de quinze jours, mais de faire découvrir à un amateur les joies d'une nouvelle discipline et les contraintes qu'imposent les contacts avec un autre être vivant. L'explication doit donc remplacer l'ordre crié, et les reprises doivent avoir pour but de préparer à la responsabilité individuelle qui permettra ainsi au jeune cavalier de se perfectionner en connaissance de cause dans un but de compétition (avec ses différentes disciplines) ou tout simplement pour pratiquer une équitation de plaisir, en promenade ou en randonnée, en jeux équestres ou en manège.

Longtemps considérée comme un sport onéreux et desservie par une instruction un peu archaïque, l'équitation aurait besoin de beaucoup plus de jeunes instructeurs passionnés.

Les structures existantes

Ces aspirations nouvelles sont bien perçues par les instances dirigeantes, en France, qui sont la Fédération française d'équitation (F.F.E.) avec sa délégation nationale à l'équitation sur poney (ex-Poney Club de France) et sa délégation nationale au tourisme équestre (ex-Association nationale pour le tourisme équestre), et les Haras nationaux pour l'élevage. La Fédération s'est ainsi aperçue que, si la grande majorité des cavaliers « déclarés » étaient titulaires de la carte nationale qu'elle délivre, beaucoup ne sont inscrits nulle part — et donc échappent à tout recensement. Quant à ceux qui ont une carte d'un autre organisme (Fédération des randonneurs équestres français, F.R.E.F. ; équitation américaine), ils sont très peu nombreux — bien moins nombreux qu'ils ne le sont en réalité dans leur discipline réciproque. Cela prouve le malaise qui existe vis-à-vis du cadre actuel ; pourtant la F.F.E., par l'intermédiaire de ses ligues régionales, s'est efforcée de se « décentraliser » afin de mieux tenir compte des individualités de chaque région. Les clubs (sous forme d'association ou d'établissement professionnel) sont agréés par l'une ou l'autre des institutions et les structures existantes.
Pourtant le meilleur critère est bien le jugement des cavaliers, sur l'enseignement comme sur le bon entretien des chevaux. Les mauvais sondages proviennent-ils d'une mauvaise formation des encadrants ? Celle-ci est également sur le point d'être modifiée, et nous souhaitons qu'elle aille dans le sens d'une pédagogie adaptée aux nouveaux besoins des débutants : découverte d'une passion mêlant loisir et sport — le but n'étant pas de passer des examens, mais de pouvoir aller où on le désire avec son cheval.

Les principales adresses

Pour monter à cheval et connaître le club le plus proche de chez vous

Fédération française d'équitation (F. F. E.), 25, rue de Tolbiac — 75013 Paris. (1) 40.77.86.00.
Délégation nationale au Tourisme équestre (D. N. T. E.-A. N. T. E.), 170, quai Stalingrad — 92130 Issy-les-Moulineaux. (1) 40.93.06.06.
Fédération des randonneurs équestres français (F. R. E. F.), 16, rue des Apennins — 75017 Paris. (1) 42.26.23.23.
Délégation nationale à l'équitation sur poney, 170, quai Stalingrad — 92170 Issy-les-Moulineaux. (1) 40.93.06.06.

Pour acheter un cheval

FEDEL-UNIC
22, rue de Penthièvre — 75008 Paris. (1) 45.62.00.52.

L'équitation d'extérieur

Cheval vert, tourisme équestre, équitation de loisir, randonnées équestres, voyages à cheval, ces termes et expressions sont de création et d'utilisation aussi récentes que la démocratisation de l'équitation. Ils sont nés du besoin éprouvé par un nombre grandissant de cavaliers de s'adonner à leur sport loin des surfaces restreintes et planes de la carrière et du manège. Certes, un bon nombre de ceux qui se mettent en selle chaque année visent toujours la compétition et la pratique des disciplines traditionnelles. Mais la majorité (plus de 80 % selon certaines enquêtes) n'ambitionnent de monter à cheval que pour vagabonder à travers la nature, se promener par monts et par vaux. Quelle est la raison de cette évolution aussi rapide que nouvelle ?
À cette question, on est tenté de répondre de façon lapidaire : cela tient a un besoin de retour à la Vie — avec un grand V. Car, enfin, le cheval a une âme, tandis que les machines qu'il est imposé à la majorité d'entre nous de côtoyer journellement n'en ont pas. Les amateurs d'équitation d'extérieur cherchent à fuir un monde fait de contraintes, régi par les feux rouges, les composteurs, les distributeurs de toutes sortes, les autos, les règlements en tous genres, les robots et aussi leurs semblables trop souvent... robotisés. Leur fuite n'a rien de négatif puisqu'elle procède d'une recherche. Ils sont en quête d'un animal chaud, vivant, doté de personnalité, d'un cheval de compagnie avec qui vivre et partir à la découverte du monde, d'un « autre monde », fait d'espace, de liberté et de grand air. Le cheval leur apporte sa chaleur, son affection — et son besoin d'affection. Il leur permet de découvrir des lieux inaccessibles par d'autres moyens, une nature perdue, qu'en selle ils peuvent sillonner sans la troubler. Loin des villes et de l'existence programmée qui y prévaut, ils renouent avec une foule de valeurs oubliées. Ils redécouvrent le temps vrai — loin de la montre —, le sens du pays — qui est celui de l'orientation —, la notion de chaleur et de froid — pas de climatiseur au fond des bois —, le plaisir de se sécher après une averse, ou encore celui d'une nuit passée sous les étoiles.
Pour l'homme moderne — qui n'est pas toujours un citadin —, l'« équitation verte » est sans doute avant tout une manière de *se* retrouver.

L'équitation sans contrainte

Une vieille légende veut que l'équitation soit un sport coûteux et réservé à une certaine classe, une certaine caste ou une prétendue élite. Force nous est de nous inscrire en faux contre ces affirmations... Quelques chiffres prouvent que l'équitation est à la portée du plus grand nombre. Ainsi, en 1990, le prix d'une heure de selle varie de 45 à 60 F — soit en moyenne le prix d'une place de cinéma —, et celui d'une journée de randonnée oscille entre 240 et 500 F (et cela *tout compris,* cheval, repas, gîte, etc.). Quant à l'élite, elle existe, certes, comme dans tous les sports, mais il n'est pas indispensable de se hisser au niveau des virtuoses pour prendre du plaisir à cheval. Car pourrait-on imaginer qu'il soit interdit à qui n'égale pas J.-C. Killy de pratiquer le ski ?
L'équitation élémentaire, utilitaire, qu'il est indispensable de maîtriser pour jouir de la compagnie du cheval à travers la nature, tout un chacun peut l'acquérir. Et cela (malgré les légendes courant à ce sujet) de façon agréable, sans les contraintes qu'inflige au débutant la reprise en manège.
Après bien d'autres maîtres, Jean d'Orgeix a constaté que « c'est une erreur complète que de voir dans la pratique de l'équitation à l'intérieur d'un manège la base de la formation équestre ». L'erreur se situe sur deux plans : celui de l'efficacité de la formation elle-même et celui du plaisir du néophyte. Et les deux sont liés, car le sportif qui ne goûte pas à l'activité à laquelle il se livre la pratique mal, finit par s'en désintéresser...
Au manège, le cavalier monte un cheval « mécanisé », qui répond plus à la voix de l'instructeur qu'aux ordres qu'il donne lui-même, un cheval qui est loin d'être une compagnie... Évoluant sur un terrain égal, dépourvu d'obstacle, il lui est bien difficile d'acquérir une solide assiette... Et l'instruction collective qui lui est dispensée est aussi peu attrayante qu'inefficace, car sa morphologie, son caractère, ses aptitudes et ceux de sa monture sont uniques...
Héritée d'un passé militaire, l'instruction au manège, collective, ennuyeuse et peu performante, semble appelée à disparaître. De plus en plus nombreux sont les dirigeants de centres équestres qui prennent conscience qu'au prix de quelques précautions il est possible de mettre en selle et d'instruire le débutant en extérieur. Et cela est bénéfique à tous égards. En effet, le cavalier a le plaisir de monter un cheval éveillé — terrain et lieu différents incitent à être attentifs —, un animal avec lequel il vit — et souvent vibre —, et qui dit plaisir, dit envie de continuer, de revenir. Par ailleurs, à travers la campagne, sur des sols qui ne sont pas toujours égaux, il acquiert une solide assiette, ce qui un jour ou l'autre peut l'inciter à goûter du manège, à se perfectionner, à devenir un « artiste »...
Malgré la chape de tradition et d'idées reçues — sinon imposées — qui pèsent sur elle, l'équitation peut être un sport aussi tonifiant et décontracté que bien d'autres.

Promenades et randonnées organisées

Il suffit souvent de bien peu de leçons avant que le novice se sente de taille à participer à des promenades de deux ou trois heures. Et, bientôt, l'envie lui prend de passer un jour,

La liberté, l'aventure sont encore possibles dans notre monde mécanisé. Seul avec votre cheval, ou en groupe* (pages suivantes), *la nature est à votre portée.

voire plusieurs, en selle. Il participe alors à des randonnées organisées dont la durée varie de quelques jours à quelques semaines, au cours desquelles il va pouvoir chevaucher sur des centaines de kilomètres. Et cela sans soucis puisque, dans ce type de voyage, un professionnel se charge de tout préparer et veille au bon déroulement de la randonnée. Les étapes et les itinéraires sont prévus, les problèmes matériels quasi inexistants. Seul incombe au cavalier de soigner sa monture, de la panser et de la seller, mais de toute façon sous le contrôle du professionnel.
Ces randonnées peuvent s'effectuer de deux façons différentes : avec ou sans animaux de bât. S'adjoindre des chevaux « porte-bagages », c'est se déplacer de façon quasi autonome puisqu'ils permettent de transporter de la nourriture — pour les chevaux et les cavaliers — et un équipement relativement lourd tel que tentes, matériel de maréchalerie, etc. Grâce à eux, il est possible de bivouaquer en pleine nature sans avoir à gagner un village ou un gîte. Ils apportent à la randonnée une note d'aventure. En contrepartie, leur charge et celle des chevaux de selle imposent des allures calmes, dont un train assez lent. Au contraire, si la randonnée comporte un soutien logistique — voiture suiveuse amenant à l'étape matériel et nourriture —, les cavaliers, ne chargeant guère leurs chevaux que d'un imperméable, peuvent leur imposer des allures plus rapides. Ces deux types de balade ont leurs partisans, qui tous donnent comme raison de leur préférence le besoin de liberté. Pour les uns, elle consiste à être le moins possible tributaire du reste du monde ; pour les autres, à pouvoir se déplacer rapidement et sans contrainte. À chacun sa vérité !
Le cadre de ces randonnées ? C'est presque le monde entier. Pourtant, elles sont de préférence mises sur pied dans les régions les plus sauvages, les moins envahies par la civilisation. En France, citons celles organisées — parmi une multitude d'autres — par André Berrotte, qui entraîne des cavaliers dans la « grande traversée des Pyrénées » ; par Guy Benigni, qui propose des « tours de Corse loin du bitume » ; ou encore par Paul Bontemps, dont les chevauchées se déroulent surtout dans « les monts du Forez qu'il aime ». Ce sont généralement les mêmes qui organisent des voyages aux quatre coins de la planète, le plus souvent dans des régions de grands espaces, dans des pays où le cheval n'a pas encore été détruit par l'automobile. C'est l'Ouest amériain, où le cow-boy pousse d'immenses troupeaux de vaches ; c'est l'Irlande, aux chevaux fameux ; c'est la Tunisie des Bédouins; c'est l'Argentine, où le gaucho fait résonner le sol de la Pampa du galop des chevaux criollos. Là, au plaisir des longues routes en selle, s'ajoute celui du dépaysement, la joie de frôler la légende.

Guide équestre : un vrai métier

Il n'est nullement nécessaire de vouloir l'exercer de façon lucrative pour apprendre le métier de guide équestre. Bien des randonneurs ne cherchent à le maîtriser que pour leur plaisir et pour celui d'entraîner, à l'occasion, des amis à la découverte. Le guide doit avoir des connaissances poussées dans bon nombre de domaines et posséder au plus haut point des qualités d'organisateur, de psychologue, de responsable. La sécurité et le plaisir du groupe qu'il emmène dépendent de lui. Aussi doit-il avoir une conscience aiguë de sa responsabilité. Il doit faire traverser une route sans risque, placer à l'avant et à l'arrière de la colonne un cavalier chevronné capable de l'aider, repérer le cheval fatigué, celui qui se déferre. Pour que chacun se sente « bien dans sa peau », il doit attribuer à chaque cavalier une monture en fonction de son poids et de ses capacités équestres, mais aussi selon le caractère de l'homme et de l'animal. Il ne perd jamais de vue qu'un détail oublié au départ ou dans l'organisation du périple peut mettre en cause la sécurité du groupe, le plaisir du participant.
Quant aux matières qu'il doit étudier pour justement assurer le plaisir et la sécurité de ceux qui lui font confiance, les plus importantes sont l'équitation, les soins et l'alimentation des chevaux, les techniques du bâtage, la maréchalerie, le secourisme, l'orientation et la topographie, le code de la route — eh oui ! —, les techniques de camping et de bivouac.
Le guide ne peut être qu'un cavalier chevronné, insensible à la fatigue, car c'est à l'étape qu'il a souvent le plus de travail. Responsable au premier chef de la cavalerie, il sait régler les allures en cours de route, définir les aliments et la ration des chevaux en fonction du travail qu'il leur impose. Soigner une blessure, une colique, une prise de longe, n'a pas de secret pour lui. Les chevaux de bât étant aussi respectables que ceux de selle, il apprend les multiples techniques du chargement de façon à éviter au maximum aux animaux — qui portent un poids inerte — de fatiguer ou de souffrir. Il n'ignore pas que certaines parties de l'équipement, telle la pharmacie, doivent toujours se trouver à portée de la main et ne pas être placées au fond d'une caisse. Il n'est pas rare, surtout en terrain boueux, qu'un cheval perde un fer, et il importe qu'il puisse le changer. Dans le cas d'un cavalier accidenté, c'est à lui que revient de donner les soins d'urgence.

Guider, c'est surtout définir la route à suivre et, en pleine nature, cela se fait au moyen de la boussole et de la carte d'état-major. Ces deux « outils », le guide les a toujours sous la main et les utilise en virtuose. Même sur les chemins de campagne, le cavalier seul (et à plus forte raison en groupe) est astreint à se plier aux règles du code de la route. Sur bien des cheminements — halages, forêts, etc. —, des règles précises président aux déplacements à cheval. Ces règles et ces lois, le guide équestre se doit de les faire respecter — pour ne pas se mettre dans un mauvais cas, mais aussi par égard pour les lieux traversés et les gens rencontrés. Nombreuses sont les astuces qui permettent de faire d'un bivouac une étape confortable, agréable. Dans la plupart des cas, c'est au guide de les dévoiler à ceux qui le suivent et qui sont souvent peu habitués à la « vie à la dure ».
Deux organismes forment des guides équestres et délivrent des diplômes sanctionnant leurs connaissances : la délégation nationale au tourisme équestre (ex-A.N.T.E. : 15, rue de Bruxelles — 75009 Paris) et la Fédération des randonneurs équestres français (F.R.E.F. : 6, rue des Apennins — 75017 Paris). Le titre de « guide de tourisme équestre » est décerné après le passage d'un examen par l'A.N.T.E. La F.R.E.F. organise des stages de trois semaines se terminant pas un examen. À ceux qui passent ce dernier avec succès est remis un diplôme de guide de randonnée équestre. De nombreuses qualités, des connaissances multiples : le métier de guide équestre est un vrai métier.

Les grands voyageurs

Quelle que soit la démarche du novice, la filière qu'il fasse sienne, il est des exemples qui le portent à rêver, qui l'incitent à vivre l'aventure : ceux des grands voyageurs à cheval, véritables locomotives de l'équitation d'extérieur qui font de plus en plus d'émules.
Du Canada au Mexique... De l'Argentine à la Colombie... Autant de périples réussis par des femmes et des hommes qui ont vécu l'espace, l'infini en selle, connu joies et dangers en compagnie de leur compagnon « à quatre pieds » ; autant d'aventures relatées par Évelyne Coquet, Stéphane Bigo ou Jean-François Ballereau.

Évelyne Coquet

Sur les traces de Godefroi de Bouillon, en 1973, Évelyne Coquet et sa sœur Corinne ont relié Paris à Jérusalem. L'exploit des deux très jeunes femmes stupéfia à l'époque, car rien n'était moins évident que de traverser les pays slaves, la Turquie, de braver l'hiver et de gagner Israël en pleine guerre. Aimant les gageures, Évelyne Coquet se lance plus tard, en compagnie de son mari, dans un voyage équestre... en Amazonie. Devenue maman, elle entraîne son époux et leur fils Philippe dans une randonnée à travers les *moors* d'Écosse. L'enfant voyageait sur un cheval de bât. Ces divers voyages montrent que presque tout est possible avec des chevaux.

Stéphane Bigo

C'est en 1976 que Stéphane Bigo réalise un premier grand raid entre la Turquie et l'Afghanistan. Ancien clerc de notaire, possédant une multitude de diplômes, Stéphane se lance dans l'aventure à quarante ans pour « découvrir le monde autrement ». Grâce à *Oudvanok,* son étalon arabe, et à *Kateur,* sa mule qui porte les bagages, il va à la rencontre des Turcs, des Iraniens, des Afghans qu'il appelle « ses amis, ses frères ». Le périple n'est pas de tout repos, mais les risques n'effrayent pas l'ancien bureaucrate. Il traverse le désert du Lut et emprunte en Afghanistan la dangereuse piste du Centre. Déçu, au bout d'un an, de ne pouvoir poursuivre le voyage, il le termine sur une gigantesque « cuite » !... Et puis, il récidive et s'offre, toujours en compagnie d'un cheval et d'une mule, un autre voyage qui le mène du Colorado au sud du Mexique. Selon ses dires, il avait décidé un jour de « prendre un an de sa vie, et cela fait quelques années que cela dure !... ».

Jean-François Ballereau

« Nomade aux semelles de feu » Jean-François Ballereau se lance aussi, en 1976, dans une entreprise souvent rééditée depuis : un tour de France. Et puis, toujours plus avide d'espace et de chevaux pour compagnie, il part pour les États-Unis où, montant sa jument *Marquise* et suivi de *Nestor,* son poney de bât, il relie la frontière canadienne à celle du Mexique. L'« Ouest de légende » le fascine. Il y retourne à la découverte des Rocheuses, des déserts de l'Arizona, couvrant des milliers de kilomètres, émaillés — comme ceux de tous ses « collègues » — d'aventures et de mésaventures. Et puis, un beau jour, il rencontre Constance Rameaux, autre fanatique des chevaux et d'immensités, et qu'il dit être le « meilleur "homme" de cheval qu'il connaisse ».
Ensemble, ils effectuent le raid UCLA, faisant passer leurs chevaux argentins de Buenos Aires en Colombie. Le voyage surprend par sa taille, mais plus encore par l'ampleur des difficultés rencontrées, car traverser les Andes — jusqu'à 5 000 m d'altitude — et les déserts torrides de la côte du Pacifique en réussissant à nourrir correctement les chevaux n'a rien d'évident !
Coquet, Bigo, Ballereau ont acquis une notoriété grâce aux livres qu'ils ont écrits. Mais il est d'autres grands voyageurs moins connus et dont les aventures ne sont pas moins impressionnantes. Parlons de Christian Lile, qui a réussi un tour d'Europe avec deux chevaux. Son voyage est en lui-même déjà remarquable, mais il l'est plus encore lorsqu'on sait qu'il s'y est attaqué presque sans un sou en poche ! Inconscient ? Peut-être, mais homme de cheval tout de même. Plus tard, Christian rencontre Sylvie et l'épouse. En

Évelyne Coquet **(en haut).**
Stéphane Bigo **(en bas).**

sa compagnie et toujours à cheval, il effectue le trajet Provence-Danemark. Au départ, Sylvie est enceinte, et met au monde au cours du voyage un joli bambin. Et puis, en selle — et sur un bât —, toute la famille regagne la Provence. On en reste pantois !...

Frédéric Blanc

Frédéric Blanc est, lui, l'homme des chevauchées tranquilles. Amoureux des chevaux et de la « vie au pas », il s'enflamme à la lecture du livre dans lequel Jean-François Ballereau relate son tour de France, et décide de découvrir lui aussi l'Hexagone du haut d'une selle. Des mois durant, il erre à travers la France au gré de ses envies et de sa fantaisie, en compagnie de deux ponettes écossaises. Et puis, comme Lile et Ballereau, il rencontre sa « femme de cheval », Dominique Barbe. Ensemble, ils se lancent dans une longue chevauchée espagnole au pays des moulins de Don Quichotte. Suit un autre voyage qui les mène en Écosse — le pays des chevaux qu'ils aiment tant.
On pourrait encore citer Claude Saramon, Lætitia et Jacques Bataille, ou Isabelle Jonquères d'Oriola, et une multitude d'autres, amoureux de telle race ou de telle autre, mais surtout gourmands d'espace « dégusté sur quatre pieds ».
Lorsqu'on demande à ces cavaliers vagabonds quels attraits le grand voyage a pour eux, on retrouve les mêmes réponses : « amour du cheval », « goût des grands espaces », « découverte différente du monde », « besoin de s'assumer, d'être responsable de soi et de ses chevaux ». Stéphane Bigo résume tout cela en une formule lapidaire : pour lui, le voyage à cheval est « un art de vivre ».

Voyages pour tous

Parlant du raid UCLA, Constance Rameaux en dit : « Si moi je l'ai fait, d'autres le peuvent aussi. » À n'en pas douter, cela est vrai. Pourtant, sans parler des qualités indispensables pour se lancer dans un long périple équestre, il est bon nombre de connaissances qu'il importe d'acquérir avant de s'y attaquer. Car le randonneur, même chevronné, qui n'a connu que le voyage organisé — par d'autres — se trouve confronté à beaucoup de problèmes et de difficultés dès lors qu'il décide de partir seul. Il importe qu'il ait conscience de la responsabilité qu'il prend à l'endroit de sa monture. Il doit savoir la choisir, la soigner, la nourrir. Il lui faut choisir judicieusement son matériel pour le confort de son cheval et pour le sien — entre autres... Ce qui pour certains est « un art de vivre », et pour d'autres « un véritable métier ».

Choisir le cheval

Parce qu'il est appelé à se nourrir de façon différente chaque jour ou presque en fonction des possibilités aux étapes, à cheminer sur des terrains fort variés, à passer des nuits dehors, le cheval voyageur est avant tout rustique. Barbes, camargues, fjords, merens, criollos argentins, ne sont que quelques exemples de races parmi lesquelles on peut trouver à coup sûr de bons chevaux d'extérieur, fringants, au pied sûr, insensibles aux intempéries. Une erreur à éviter est de porter son choix sur un animal ayant toujours vécu en écurie, où une partie de ses qualités physiques et de ses instincts est amoindrie — et cela, quelle que soit sa race.
À l'évidence, seul le cheval dont la croissance est terminée — celui de cinq ans au moins — peut être choisi ; lui

Jean-François Ballereau **(en haut)**
et Constance Rameaux.
Frédéric Blanc **(en bas).**

imposer trop jeune un travail prolongé serait risquer de compromettre définitivement sa santé.
Le cheval de voyage est destiné à couvrir de longues distances en portant de lourdes charges. En conséquence, il doit être avant tout court, doté d'un rein large et d'une arrière-main développée ; en un mot, « porteur ».
En effectuant son choix, le cavalier doit juger du modèle de l'animal et tenir compte du poids (le sien et celui de son matériel) qu'il envisage de lui faire porter. Pour éviter d'avoir à le sangler fortement — ce qui peut être cause de blessures au passage de sangle —, le cheval doit être pourvu d'un garrot d'une bonne ampleur. Ses pieds ont une corne solide, sombre (la corne blanche est souvent plus tendre, plus friable). Instinct de survie, calme et courage sont les qualités du cheval voyageur, qualités que possèdent, en général, les races rustiques. Et puis, il faut que l'animal plaise au cavalier et réciproquement. C'est la condition *sine qua non* de leur future entente. Réaliser cette entente, cette « union », importe fort, car c'est elle qui engendre le plaisir de couvrir du terrain ensemble, ainsi qu'une certaine sécurité. Dans les difficultés, un couple cheval-cavalier qui s'entend mal est de peu d'efficacité. Malgré cela, ce serait une erreur d'élire un cheval uniquement parce qu'on a des atomes crochus avec lui. Il faut aussi que, physiquement, il soit apte au voyage.

La science du cheval voyageur

Selon un vieux cow-boy, un bon cheval doit « savoir faire les pieds au mur ». Même si cela n'est pas tout à fait vrai, l'éducation du cheval voyageur est plus poussée — et différente — que celle du cheval de manège. Reculers et déplacements latéraux n'ont pas de secret pour lui, car ce sont des mouvements indispensables dans certaines situations. Il répond parfaitement à la rêne d'appui de façon que son cavalier ait toujours une main libre (pour lire la carte, par exemple). Le contact de son harnachement et du matériel qui y est fixé — gourde, etc. — ne le gêne pas plus que celui d'une branche ou d'une longe sur sa croupe ou ses flancs. Il se laisse monter indifféremment des deux côtés, car il est des cas où son cavalier n'a pas le choix. Et puis, et surtout, il passe partout sans regimber ; ni l'eau et la boue, ni les amas de branches ou les ronces, ni les ponts, ni les autos, ni les passages difficiles ne l'effraient. Il est habitué aussi à pâturer à la longe ou entravé. Les vieux randonneurs définissent le cheval voyageur, sur le plan de l'éducation, comme un « cheval de manouche ».

L'habit du cheval

La selle en voyage supporte un poids important : le cavalier, les sacoches, mais aussi la longe, la gourde, la bougette (petit sac fixé au pommeau), etc. Aussi importe-t-il avant tout, pour le confort du cheval, qu'elle répartisse le poids aussi largement que possible. Par ailleurs, elle doit comporter de nombreux points d'attache de façon que l'équipement puisse y être solidement arrimé. Dernier point : elle doit être largement dégarrottée, c'est-à-dire échancrée au niveau du garrot. La selle dite anglaise — la plus couramment utilisée — ne répond pas à ces critères. Aussi faut-il choisir entre les divers types faciles à se procurer en France. À savoir : la selle camargue, la selle américaine, la selle Charles-Danne, la selle F. R. E. F. La selle d'arme, quant à elle, semble présenter des inconvénients.
Évelyne Coquet l'a bien utilisée, mais a eu à s'inquiéter d'usure du poil. La selle camargue répond aux critères imposés par le voyage, et les gardians l'utilisent depuis des siècles, des journées entières, sans problème. Frédéric Blanc et Dominique Barbe — entre autres — sont des fans de la selle américaine, à laquelle va aussi la préférence de Jean-François Ballereau. Celui-ci, pourtant, avoue que la plupart des modèles ne permettent pas une excellente position du cavalier (sans pour autant se référer à la position officielle). Constance Rameaux est une inconditionnelle de la selle Charles-Danne, à vaste surface portante et mettant le cavalier en bonne position. Quant à Stéphane Bigo, il demeure fidèle à la selle F. R. E. F. Le choix est finalement assez étendu. À chacun ses goûts !
Bricole ou collier de chasse sont indispensables pour maintenir la charge en côte. Mais rares sont les selles comportant une croupière, qui a la même fonction en descente. La sangle, afin d'éviter les blessures au passage de sangle, est souple et large, en cuir ou en cordes de coton ou de laine. Quel que soit le type du tapis de selle, il le faut épais et souple de façon qu'il protège le dos du cheval, le mette à l'abri des « gonfles » (ces cloques du dos), mais aussi pour qu'il absorbe la sueur. Bien des randonneurs préfèrent une couverture pliée en quatre, qu'ils peuvent utiliser le soir pour bivouaquer. Le licol, qu'il soit en cuir ou en nylon, est plat, de manière à toujours pouvoir être porté sous la têtière, car on peut avoir à attacher son cheval à tout instant.

Notons, à ce propos, qu'il se trouve sur le marché des « brides-licol », système ingénieux qui permet d'enlever seulement l'embouchure à l'arrêt. Le randonneur devant pouvoir attacher sa monture à des arbres, par exemple — souvent de bonne dimension —, la longe du licol est longue en conséquence (pas moins de 3 m). L'embouchure, quelle qu'elle soit, doit fournir au cavalier un puissant moyen de pression en cas de difficulté (ce n'est jamais l'embouchure, mais la main qui est dure). Le hackamore, embouchure agissant sur le bout du nez et non par l'intermédiaire d'un mors, a la faveur de beaucoup de randonneurs, mais il doit être placé avec grande précaution — et en fonction du cheval —, un peu plus ou un peu moins sur le cartilage du nez.

L'équipement

Les pièces du matériel se répartissent dans les sacoches du cavalier et, le cas échéant, dans les caisses du cheval de bât. Leur poids et leur volume doivent être réduits au maximum. La trousse à pharmacie tient évidemment une grande place dans l'équipement. Elle comporte des instruments et des médicaments de base et d'autres que certains jugent indispensables. Aussi indiquer une liste du nécessaire est impossible. Le randonneur se garde pourtant d'oublier le produit particulier dont il sait que son cheval, plus qu'un autre, peut avoir besoin. Le matériel de pansage est complet (bouchon, étrille, cure-pied et époussette), à l'inverse du matériel de maréchalerie dont le poids veut que, sans cheval de bât, il soit difficile à emporter. Pour éviter que le cheval ne gaspille son grain ou n'avale terre ou sable, il est bon de se munir d'une musette-mangeoire qui peut se confectionner à partir d'un simple sac à pommes de terre. Une longe d'une dizaine de mètres peut être utile de cent façons. Elle permet notamment de faire pâturer le cheval en l'absence de pré ou de lieu clos. Des entraves peuvent être employées là aussi. Un seau de plastique pliable est indispensable ; le randonneur ne manque pas d'occasions de s'en servir, et particulièrement lorsque l'eau d'un fossé ou d'un puits est inaccessible à sa monture.
Pour boire, le cavalier dispose, lui, d'une gourde. Qu'elle soit en métal, en cuir ou en matière plastique, la gourde doit être suspendue ou fixée à la selle. À noter qu'il est possible de se procurer un bidon isotherme, presque aussi efficace qu'une bouteille Thermos. La gamelle nécessaire pour cuisiner au bivouac présente, pour la plupart des modèles, un volume important, difficile à loger dans les sacoches. Aussi doit-on préférer la plus plate. Les types de couteaux sont innombrables, et chacun choisit selon ses goûts entre le simple Opinel à manche de bois, le couteau multilame et le poignard. Certains voyageurs se munissent d'un coupe-

coupe dont d'autres refusent de se charger, disant que son poids est sans rapport avec son utilité.
Indispensable pour chevaucher de nuit en bord de route : la lampe de cycliste. Elle se fixe au genou gauche ou à l'étrier, feu rouge vers l'arrière, feu blanc vers l'avant. Son intensité étant trop faible pour fournir un bon éclairage, il faut lui adjoindre une torche se chargeant au moyen du même type de piles (cela pour éviter d'avoir à transporter une multitude de piles de rechange).
Le meilleur sac de couchage est chaud, léger et ne représente qu'un faible volume une fois roulé. Seul le sac en duvet répond à ces conditions. Pour le préserver de la pluie, on peut soit le loger dans un sac fixé au troussequin, soit dans une pièce de toile cirée. Ce second moyen présente l'avantage de fournir une bâche supplémentaire pour protéger le matériel au bivouac.
Et puis, il est une foule d'accessoires, apparemment insignifiants, qu'il importe de ne pas oublier : de la ficelle ou du lacet, utiles pour réaliser une réparation de fortune, une boussole, mais aussi du cirage, la trousse de toilette, etc.

Le cheval de bât

Pour le voyageur, le cheval de bât est une remorque (pas toujours remorquée d'ailleurs...), bien particulière, car dotée obligatoirement d'une forte personnalité. En effet, s'il doit être sélectionné en fonction des mêmes critères que le cheval de selle, on demande en plus au cheval de bât d'être avant tout débrouillard. Et ce trait de caractère est bien la preuve d'une authentique personnalité. L'animal de bât doit porter une charge inerte avec le centre de gravité de laquelle il est obligé de composer. Et dans les passages délicats, cela n'est pas toujours aisé...
Pour qu'il accomplisse sa tâche le mieux possible, il est souhaitable qu'il soit attaché — sentimentalement — à son maître, ce qui le « pousse » à le suivre sans problème. Et c'est au cavalier de faire que cela soit, en s'inquiétant autant de lui, sinon plus, que de sa monture. Il importe de lui parler, de le caresser aux haltes, de lui montrer qu'il n'est pas seulement un « portefaix », qu'on a de l'affection pour lui. S'il a de l'amitié pour son « copain cheval » monté, tout devient plus facile encore car il va faire de son mieux pour le suivre. Mais les amitiés et les inimitiés entre les chevaux sont indépendantes de la volonté de l'homme... Aussi, en choisissant un cheval de bât, faut-il s'inquiéter au plus haut point de la façon dont il s'entend avec celui qu'il est appelé à suivre. On peut aussi se laisser tenter par le choix d'une mule. C'est ce qu'a fait Stéphane Bigo aux départs de ses deux longs raids. Sûre de pied, endurante en diable, sobre au dernier degré, la mule a de plus été dotée par la nature d'une peau très dure qui fait qu'elle souffre rarement de blessures de harnachement.
À travers la campagne ou la forêt, loin du bitume, l'animal de bât est en général laissé libre. Que son attachement aille à son copain cheval ou à son maître, de près ou de loin, il suit sans difficulté, et cela d'autant plus que rester seul ne lui sourit guère... Mais il est hors de question de le laisser aller à sa guise lorsque les circonstances imposent de cheminer en bord de route. Le cavalier doit alors tenir sa longe de la main droite — celle opposée à la circulation —, assez courte de façon qu'elle ne puisse passer sous la queue de son cheval de selle. Car le contact de la corde sous la queue de sa monture peut déclencher un véritable rodéo...
Le modèle de bât le plus facile à se procurer en France est — curieusement — le bât américain. Fait d'un arçon de bois surmonté de deux croisillons destinés à accrocher les charges, il est muni d'une bricole et d'un avaloir. Son gros défaut est de ne présenter qu'une surface portante réduite. En conséquence, il est indispensable de le poser sur un — ou des — tapis de selle larges et relativement rigides de façon à multiplier cette surface. Une autre solution est d'éviter que le poids de la charge ne repose sur les mêmes points. Cette charge, ce sont tantôt des sacoches, tantôt des caisses, tantôt des sacs (sacs marins, par exemple). Quel que soit le type de « valises » employé, le poids des « bagages » doit être réparti de façon égale de chaque côté du cheval, de manière à établir un équilibre.
Les pièces d'équipement les plus lourdes (maréchalerie, notamment) sont placées au fond des sacs ou des caisses, près du centre de gravité de l'animal. Installées en haut, elles seraient cause d'un certain ballant.
Le cheval de bât ne doit pas être considéré comme un « porte-tout » : moins il est chargé, mieux il porte. Le chargement du cheval de selle procède d'ailleurs du même souci d'équilibrer le poids, l'avant-main devant toujours porter moins que l'arrière-main.

L'équipement du cavalier

Comme chaque activité de plein air, le voyage à cheval impose des conditions d'existence qui dictent une certaine tenue et qui rendent certains accessoires nécessaires. Des vêtements solides, peu salissants, faciles à entretenir, voilà ce dont a besoin le voyageur à cheval. Aussi préfère-t-il les vestes et le pantalon de jean. Pour se protéger des moustiques et du soleil, les manches de sa chemise sont longues. À la bombe ou à toute autre coiffure, il aime substituer le chapeau à long bord qui le préserve des coups de soleil et des ondées. Appelé à marcher à pied pour soulager sa monture et à se chausser sans l'aide d'un tire-botte — qu'il ne peut pas envisager d'emporter —, il rejette les bottes de type Saumur au profit d'autres courtes à talons plats, faciles à enlever. Il refuse les bottes de caoutchouc glaciales en hiver, étuves en été, et sa préférence va parfois à des brodequins ou des « rangers » de type militaire.

Pour s'abriter de la pluie, trois solutions s'offrent à lui : l'imperméable, le ciré marin, le poncho. De nombreux spécialistes commercialisent des imperméables étudiés pour l'équitation. Efficaces, ils présentent cet inconvénient de n'avoir d'autre utilité que celle à laquelle ils sont destinés. Stéphane Bigo préfère, quant à lui, le ciré marin — veste et pantalon — qui protège individuellement chaque partie du corps.

Le poncho permet d'établir un abreuvoir de fortune, disposé au creux d'une fourche de trois piquets plantés en terre, de couvrir le matériel au bivouac, ou de préserver le cavalier dormant à la belle étoile. Il peut être utilisé d'une foule de manières. Ce sont ces raisons qui ont incité Jean-François Ballereau à l'adopter. Il n'est pourtant pas parfait lui non plus, puisque Constance Rameaux lui reproche de claquer au vent et d'entraver les mouvements du cavalier.

On peut voyager sous la pluie, mais aussi en hiver ou en haute altitude par des températures parfois très basses. Il convient alors d'ajouter à la garde-robe, pull-overs, vestes fourrées, gants et surtout des sous-vêtements — maillots et caleçons longs — en tissu thermoélectrique. La marche à pied est une excellente défense contre le froid et l'engourdissement qu'il engendre si l'on demeure longtemps en selle.

Considérés par beaucoup comme « méchants », les éperons ne le sont qu'en fonction de la « méchanceté » du cavalier. En voyage, ils sont quasi indispensables, car ils permettent d'aider — c'est le mot — le cheval à se tirer de certaines difficultés. Leur usage doit pourtant se limiter aux cas de grande nécessité. Encombrante, la cravache ne fait pas partie de la panoplie du randonneur.

Que ce soit en randonnée, ou durant un long voyage à cheval, il faut équilibrer les temps de galop et les périodes de repos et savoir marcher au pas **(pages suivantes).**

Le choix et les préparatifs

Nous en arrivons au stade où le cavalier possède tous les atouts pour réussir un périple plus ou moins long. Et la question se pose de savoir d'abord où aller.
A l'évidence, les zones les plus éloignées de la civilisation, les plus sauvages, sont celles qu'il est agréable de découvrir à cheval. Encore faut-il qu'elles soient praticables à des chevaux et qu'elles comportent de quoi les nourrir et les abreuver. En France, le Morvan, par exemple, est particulièrement propice à la randonnée équestre, tandis que les Landes — où l'herbe et l'eau sont rares — le sont beaucoup moins. Et il en va de même à travers le monde. L'Argentine est un pays de chevaux, mais il est impensable de chevaucher du nord au sud de la forêt amazonienne. Par ailleurs, il est préférable de se limiter à un seul pays, car les passages des frontières ont posé des problèmes administratifs plus ou moins importants à tous les grands voyageurs.
L'itinéraire ? Comment le définir ? Quel que soit le voyage qu'il envisage, le cavalier ne peut guère se fier qu'à lui. En effet, le raid équestre est aujourd'hui anachronique : les cartes — y compris les cartes d'état-major — sont destinées aux automobilistes ; les routes y sont indiquées, mais le tracé des chemins de terre y est souvent erroné, dépassé. Remembrement, rectifications, vont plus vite que les remises à jour... En France, il est bon de se méfier des fameux G.R. (sentiers de grande randonnée), fréquemment impraticables aux chevaux. Et en route, il ne faut tenir que peu de compte des renseignements donnés par les uns ou par les autres, car ils prennent rarement en considération les nécessités du voyage à cheval. Un itinéraire flou, c'est déjà l'aventure.
Et puis, à l'ère des « papiers », le randonneur ne doit pas oublier les siens, qui sont ses propres papiers d'identité, et ceux de son cheval (certificat de vente, de vaccinations, d'assurance). Quel que soit l'itinéraire qu'il s'est fixé, le pays où il désire chevaucher, il est appelé, tôt ou tard, à se heurter à la civilisation.
Dès lors qu'il se met en selle, le randonneur ne doit jamais oublier qu'il est responsable de son cheval, de son bien-être, et que, aussi longue que soit la route qu'il doit faire en sa compagnie, il lui faut l'amener au but en meilleure condition qu'au moment du départ. Pour y parvenir, il a à le soigner et à le nourrir correctement, à régler ses allures selon les circonstances et à déterminer judicieusement les haltes et les temps d'arrêt.

Soigner : la santé d'abord

Si le cavalier doit être apte à soigner une plaie ou une maladie — en ayant recours au vétérinaire chaque fois qu'il se sent dépassé —, il lui faut surtout être conscient que son attention à l'égard de son cheval peut lui permettre d'éviter incidents et accidents. Et la prévention débute *avant* le départ. Le cheval doit être vermifugé et vacciné (vaccins obligatoires, mais d'autres aussi, tel celui de la rage, maladie en extension). Il est bon de s'assurer qu'il n'a pas mal aux dents.
Les plaies de harnachement sont neuf fois sur dix dues à du matériel en mauvais état (cuirs raides et mal entretenus, sangle en mauvais état, etc.) ou à un manque de soin de la part du cavalier au moment où il selle. Poser le tapis de selle sans faire de pli évite la gonfle ; sangler correctement, sans exagération, la sangle bien en place, permet de prévenir les plaies au passage de sangle. Une gonfle se soigne rapidement par application de glace, moins vite par massage à l'eau très salée. La blessure au passage de sangle n'arrête pas le voyage si, après avoir soigné la blessure, on entoure la sangle d'un morceau de chambre à air qui protège la partie malade et la masse en même temps. Bien que naturellement peu sujet aux coliques, un cheval rustique peut en être atteint par suite des conditions du voyage. Herbe broutée couverte de gelée blanche, eau glacée bue trop vite, grain absorbé en léger état de déshydratation ou encore mangé à même le sol (coliques « de sables ») sont des causes de coliques que le randonneur se doit de prévoir, de prévenir.
Au cours des premiers jours d'un voyage, un blocage urinaire peut survenir, la cause en étant souvent la charge importante et inhabituelle portée longtemps sans entraînement. Aussi, durant la première semaine de route, le cavalier doit-il desseller son cheval au moins en milieu de journée et soulager son rein en marchant à pied plus fréquemment.
Et puis, pour limiter les risques d'accidents, il est des lieux qu'il est préférable d'éviter : broussailles et pierrailles exposées au soleil (refuges de vipères), zones marécageuses (où les fers peuvent être « sucés »), coupes de bois (où des échardes peuvent se transformer en « clous de rue »), etc.
Il est possible d'étirer à l'infini la liste des précautions utiles ; et il est rare que le randonneur puisse toutes les prendre...

Le cheval peut boire jusqu'à cinquante litres d'eau par jour; l'abreuver doit donc être un souci constant du randonneur, et les étapes seront composées en fonction des points d'eau.

Les allures

Malgré tous les feuilletons télévisés qui veulent que le cheval ne connaisse que le galop, cette allure est inhabituelle en voyage. Car l'animal doit porter lourd et longtemps. On ne galope qu'en cas de nécessité — ce qui est rare — ou de temps à autre pour délasser le cheval, pour lui changer les idées. Restent le pas et le trot qui sont les vraies allures de la randonnée et qui sont employés en fonction du terrain, du climat et de l'allant ou de la fatigue du cheval. A noter que, dans tous les cas, il est préférable de passer à l'allure supérieure plutôt que de faire allonger le pas dès que le cheval est las.
Marcher à pied est aussi une nécessité. Cela soulage tant le cheval que le cavalier. Moins que marcher longtemps, il importe de marcher souvent et le faire surtout sur les pentes très raides, qu'il s'agisse de les descendre ou de les monter. Là, demeurer en selle est pénible pour le cavalier et fatigant pour l'animal. On marche aussi au départ, avant de sangler, pour permettre au harnachement de se mettre en place, et en fin d'étape sur les dernières centaines de mètres, après avoir désanglé, de façon que la selle masse le dos avant de desseller. Décider judicieusement des allures, c'est se souvenir que « qui veut voyager loin... ».

Les haltes

Le niveau de fatigue du cheval, la température ambiante, l'état et la nature du terrain, l'altitude aussi conditionnent la fréquence et la durée des haltes. La première a lieu environ une demi-heure après le départ pour permettre au cheval d'uriner. La chaleur et l'altitude — la raréfaction de l'air — imposent des arrêts nombreux et brefs, ainsi d'ailleurs que les fortes côtes, les efforts violents. Autant que faire se peut, les lieux de ces pauses doivent être choisis en fonction du bien-être du cheval (au prix de quelques pas supplémentaires).
Par temps chaud, on l'amène à l'ombre d'un bosquet ou dans l'eau d'un ruisseau qui masse les membres ; ou bien encore, on le pousse vers la plaque d'herbe dont il va se régaler. De même, les lieux d'étapes sont déterminés en tenant compte avant tout du confort de l'animal. Par exemple, à un beau site on en préfère un autre moins agréable, mais où l'herbe est de meilleure qualité. Pendant toute la halte, le cavalier doit être attentif aux réactions du cheval, pour observer s'il récupère correctement, s'il ne transpire pas trop, s'il ne mange pas une plante toxique ! L'arrêt est avant tout pour lui qui a fourni l'essentiel des efforts pour arriver là.

L'alimentation

L'herbe est naturellement la nourriture de base du cheval voyageur. Mais sa valeur nutritive varie selon les pays, les terrains et les saisons. Aussi le randonneur doit-il laisser sa monture pâturer plus ou moins longtemps et, le cas échéant, s'arranger pour lui procurer une ration de fourrage d'appoint (luzerne, feuilles de maïs,...). Ce grain est indispensable à un animal qui fournit un rude travail, et en voyage il est rarement facile à trouver — surtout dans les pays civilisés où l'auto a chassé le cheval. Avoine, orge ou maïs peuvent s'acheter en France à la ferme, ou encore dans les coopératives agricoles. Dans la mesure du possible, il est bon de transporter une ration de grain d'avance en évitant, toutefois, de le stocker dans un sac plastique où il risque de fermenter. Ces aliments industriels, de composition fort variable d'un fabricant à l'autre, ne peuvent être pour le randonneur qu'un pis-aller. En effet, il est peu probable qu'il retrouve les mêmes à chaque étape, ce qui pose d'insolubles problèmes pour définir une ration correcte.
Il est rare que le cheval s'aventure à manger des plantes toxiques sur pied. Il en est pourtant une dont il convient de se méfier : l'if. Le cheval peut se laisser aller à en grignoter par ennui, si on l'attache près d'un de ces arbres. Comme la fougère, il contient des substances mortelles. La méfiance s'impose aussi à l'égard de l'herbe ou des flaques d'eau des bords de chemin : il n'est pas rare qu'elles soient souillées par les produits chimiques répandus dans les cultures proches.
Il est rarement possible de fournir une nourriture équilibrée au cheval voyageur; pour pallier des carences probables sinon certaines, il importe donc d'adjoindre aux rations, aussi souvent que possible, des minéraux et des vitamines.

Le bivouac

Les nuits passées sous les étoiles sont un des grands charmes du voyage à cheval. Au prix de quelques précautions, elles peuvent être parfaitement confortables. Pour établir le bivouac, le randonneur a à sa disposition son équipement (sac de couchage, poncho, tapis de selle,...) et ce que lui offre la nature alentour (feuilles, mousse, fougères...). À partir de cela, à chacun sa chance! En effet les techniques des uns et des autres sont fort différentes, en fonction de leurs goûts et de leur besoin de confort. L'important est d'éviter de s'installer dans des endroits qui risquent de devenir désagréables, voire dangereux, tels les creux (qu'un orage peut inonder), la rocaille et les broussailles (parfois habitées de vipères), ou encore la proximité des grands arbres (qui peuvent attirer la foudre). Où que l'on bivouaque, il est une règle à respecter, qui veut qu'en partant on ne laisse d'autres traces de son passage que le crottin de son cheval...

En selle

L'époque est révolue où les pionniers du voyage à cheval se faisaient traiter de fous. L'aventure est à la portée du plus grand nombre. Pour bien la vivre, il faut d'abord aimer son cheval. Pour partir, une seule condition suffit : en avoir vraiment envie!

La route est là, qui s'étend devant les sabots du cheval. Il suffit d'une bonne préparation, et d'une grande envie, pour suivre les traces des cavaliers de l'aventure.

L'endurance

Partout à travers le monde, l'engouement pour les raids d'endurance va grandissant. Et la vogue de l'équitation de loisir, de la randonnée, n'y est pas pour rien. Car qui a goûté aux longs trajets en selle éprouve un jour ou l'autre l'envie d'aller plus vite, plus loin, de couvrir de longues distances à un train soutenu sur la même monture.
Pour avoir une idée de ce qu'est ce style d'épreuve, il suffit d'évoquer rapidement les raids organisés en France et à l'étranger.
Aux États-Unis, plus de cent courses rassemblent souvent, chaque année, des centaines de cavaliers, qui s'alignent sur des distances allant de 40 à plus de 200 km. La plus célèbre est la *Tevis Cup* qui se court en août, en Californie. En Australie, la *Quilti Cup* en est le pendant. 220 km doivent être couverts par les concurrents de l'épreuve nationale en Afrique du Sud. 100, 160, 180 km sont à parcourir dans les raids européens, en Allemagne, en Angleterre, en Suisse, en Belgique ou en France.

Respect du cheval d'abord

Dans bien des compétitions, aux difficultés inérantes à la distance, s'en ajoutent d'autres, tels des dénivelées importantes, des terrains peu praticables ou de rudes conditions climatiques. C'est dire à quel point ces courses peuvent être éprouvantes pour des chevaux en mauvaise condition, mal entraînés ou encore montés par des cavaliers inconscients, voire malveillants et ne cherchant qu'à gagner. Aussi, le but de ces épreuves est-il non seulement de couvrir la distance imposée dans le meilleur temps, mais encore et surtout d'amener sa monture au bout du parcours en parfait état, c'est-à-dire pouvant aller plus loin encore. Pour faire respecter cet impératif — ne pas altérer la santé physique et morale du cheval —, toutes les épreuves sont organisées avec le concours de vétérinaires, souvent spécialistes de la discipline. Tout au long du trajet, ils procèdent à des examens du cheval aux points d'arrêt et de repos obligatoires, mais aussi au cours de contrôles volants le long de la piste. Et il n'est pas rare qu'un cheval subisse durant une course d'endurance plus d'examens médicaux qu'au cours du reste de son existence.
En France, une gradation dans les difficultés de la compétition permet de former les cavaliers d'endurance et de leur faire prendre conscience des possibilités de leur monture et de leur responsabilité à son égard. Les épreuves de qualification se disputent sur des distances variant de 60 à 70 km par jour, à une moyenne imposée de 12 à 15 km/h. Les épreuves régionales se courent à la même vitesse imposée, mais sur 85 à 95 km. Quant aux épreuves nationales, elles ne peuvent excéder 160 km, et 100 km seulement par jour lorsqu'elles s'étalent sur plusieurs jours. Elles sont les seules dont la vitesse est libre. Ces différents « parapluies » font du raid d'endurance une discipline où le respect du cheval passe — bon gré, mal gré — avant tout.

Les ingrédients du succès

Même sans envisager de gagner, participer à une course d'endurance — ou à plusieurs — procure des satisfactions sans mesure. Car il s'agit d'obtenir la quintessence des capacités du cheval sans risquer de nuire à sa santé, c'est-à-dire en frôlant sans cesse ses limites, mais sans jamais les outrepasser. Un exercice pour un véritable homme de cheval ! Mais, dès lors que l'on ambitionne de se hisser au niveau des meilleurs, il est certains ingrédients qu'il importe de rassembler et de mêler de façon judicieuse : un cheval possédant les qualités requises par cette discipline particulière, un matériel adapté, une ferrure et une nourriture différentes, un entraînement spécifique, etc. De ce fait, on comprendra que le cavalier d'endurance ne peut être un néophyte : il doit parfaitement connaître les équidés.

Un cheval « compact »

Même s'il convient de choisir le sujet avant la race, c'est en général parmi les chevaux rustiques (barbes, barbes-arabes, criollos argentins, etc.) que se découvre le plus facilement la bonne monture d'endurance. Car l'animal doit être frugal, habitué aux intempéries et sûr de pied : qualités que possèdent la plupart des races rustiques.
Court, le rein bien attaché, le cheval d'endurance est d'un modèle « compact ». Sa musculature est dense, ses membres secs et ses aplombs parfaits. Un profond passage de sangle et un poitrail éclaté sont le gage de sa capacité thoracique, de son souffle. Ses rythmes cardiaque et respiratoire avoisinent respectivement 35 et 15 par minute (au cours de l'entraînement, il importe de vérifier fréquemment leurs accélération et décélération). Si les qualités physiques de l'animal importent, ce sont ses qualités psychologiques qui font surtout le bon cheval d'endurance. Il doit être volontaire, calme, sûr de lui, mais aussi indépendant. Cette dernière qualité est indispensable en cours de raid car, là, il doit aller son chemin selon ses capacités propres, sans s'inquiéter de ses congénères.
Il est une quantité d'aptitudes qu'il est possible d'inculquer au cheval par un dressage bien compris. Mais il en est d'autres, dès lors qu'il s'agit d'endurance, qu'il doit posséder naturellement (et qu'il est peut-être possible de développer). Le choix n'est pas toujours facile... Aussi — sans jamais se laisser aller au coup de foudre — importe-t-il d'acheter le cheval d'endurance « à l'essai ». Car il faut souvent un certain temps avant de pouvoir juger de façon précise jusqu'à quel point le travail auquel on le destine lui convient.

Alimentation

Appelé à fournir un travail intense tant au cours de l'entraînement que durant les épreuves, le cheval d'endurance doit être nourri en conséquence et ne consommer que des aliments de première qualité. Les rations se définissent — nature et quantité — de façon et en fonction du travail à effectuer le lendemain. L'intensité de l'entraînement changeant chaque jour, les rations diffèrent aussi. Elles peuvent devenir fort importantes lorsque les efforts fournis atteignent leur summum. Aussi, tout en réservant le repas principal pour le soir, peut-on aller jusqu'à les distribuer en quatre ou cinq fois. À l'avoine, toxique au-dessus d'un certain seuil, il est bon de préférer le maïs et surtout l'orge, étant donné l'importance des rations. Gros travailleur, le cheval d'endurance a besoin d'une grande quantité de matières azotées. Les plantes légumineuses (trèfle, luzerne) lui en fournissent.

En course d'endurance, le vainqueur sera celui des premiers arrivés qui aura la monture la plus fraîche. Pages suivantes : Départ de la Tevis Cup.

Les règlements de la Tevis Cup prévoient la numérotation visible des concurrents, la pesée des cavaliers avec leur harnachement et des contrôles vétérinaires en cours d'épreuve.

Mais la manière la plus simple de couvrir ses besoins sur ce plan est d'inclure à sa ration des féveroles (100 à 300 g). Un exercice violent et prolongé provoque une sudation importante, donc une déperdition de minéraux. Il importe de la prévenir en ajoutant à la ration du sel de cuisine, et cela même dans le cas où l'animal dispose d'un bloc de sel. Qui dit dépense musculaire dit consommation de glucides. Le sucre, rapidement assimilable, fait partie du repas du matin. Adjoindre des vitamines à la ration est plus qu'une précaution, c'est une véritable nécessité, comme pour tout athlète.

Les pièges de l'alimentation

Malgré les apparences, le cheval d'endurance, s'il doit être bien nourri, ne doit pas être gavé. Il faut se garder de le suralimenter, d'engorger ses organes et ses muscles, ce qui, au lieu de lui donner du tonus, lui ôterait une partie de ses moyens. A ce sujet, il y a deux erreurs à éviter. La première a trait à un apport trop important de matières azotées (féveroles) ; reins et foie surchargés, le cheval a alors une haleine fétide et ses crottins sont mous et nauséabonds. La seconde consiste à provoquer chez l'animal la myoglobinurie (ou « maladie du lundi ») qui cause une tétanisation des muscles. Elle se déclare lorsque la ration donnée la veille du jour de repos est trop riche, trop énergétique. Dans les deux cas, le cheval doit évidemment être laissé au repos et nourri uniquement de « lest » (paille, foin de prairie). Appeler le vétérinaire est toujours une précaution plus que sage.

La rapidité : danger !

Le raid, la course ne sont qu'un but à atteindre, moins important, moins passionnant que l'entraînement qui y conduit. Le cavalier qui vise à participer à une épreuve doit entraîner lui-même son cheval, le soigner, le nourrir, le muscler, lui donner souffle et endurance, et cela pour deux raisons : d'abord, parce qu'il est indispensable, pour être efficace en compétition, que le cheval et lui forment un couple uni, chacun connaissant l'autre et le comprenant ; ensuite, parce qu'il n'est pas de plus grande satisfaction pour un homme de cheval que d'apporter puissance et volonté à une monture.
Souffle, muscles, aptitude à demeurer de longues heures sous la selle et à soutenir un train rapide, voilà ce que doit acquérir le cheval d'endurance. Monter le cheval en souffle consiste à lui imposer de courts temps de galop très vifs, des « bouts vite ». Ils ne doivent en aucun cas excéder quelques minutes. Deux exercices permettent tout à la fois de forger souffle et muscles : cheminer dans le sable et dans l'eau. Il est préférable toutefois de ne pas en abuser, car ils obligent l'animal à lever haut les pieds alors que les allures économiques sont celles près du sol. L'arrière-main, qui propulse, est la partie du corps que l'on s'attache à développer avant toute autre, en pratiquant tous les exercices qui portent le cheval à s'engager. Ces exercices sont : le reculer, le trot assis (plus particulièrement en côte), la descente au pas de fortes déclivités (où le cheval utilise son arrière-main non plus comme « propulseur » mais comme « frein », et de façon tout aussi bénéfique). L'aptitude à demeurer sous la selle, à porter, s'acquiert au moyen de longues randonnées à des allures calmes.
Vers la fin de l'entraînement, les randonnées doivent être d'une durée au moins égale à celle du raid envisagé. Donner au cheval la capacité de soutenir le « train », l'allure imposée, est la partie la plus délicate de l'entraînement. En effet, s'il est quasi impossible de léser la santé d'un cheval en lui faisant couvrir un très long trajet, on peut y parvenir en le lui faisant effectuer trop vite. *Danger !* Voici les moyens d'éliminer tout risque.
L'aptitude à soutenir le train s'acquiert :
— très, très progressivement ;
— après que le cheval est devenu endurant et capable de demeurer très longtemps sous la selle ;
— non pas par des pointes de vitesse, mais par multiplication des temps de trot et de galop.

Gare au surentraînement

La durée de l'entraînement est variable — de l'ordre de trois à six mois, en fonction de la condition initiale du cheval et des progrès qu'il réalise. Il va en augmentant au cours de chaque semaine, la veille du jour du repos étant celle du travail le plus intense. De la même façon, on demande de plus en plus d'efforts au cheval, au fur et à mesure que ses capacités d'endurance se développent.
Si, en fin d'entraînement, le travail quotidien peut varier de trois à douze heures — en tenant compte de l'indispensable progression hebdomadaire —, il est un piège à éviter : le surentraînement. Il provoque chez le cheval une régression de ses capacités. Pour l'amener au meilleur de sa condition à l'épreuve, il est indispensable, dix ou douze jours avant, de supprimer tout travail intensif, tout effort prolongé, et de ne le sortir que pour le détendre.
Soumettre le cheval à un entraînement rude et long n'est pas abuser de lui, à condition qu'il fasse joyeusement son travail. Pour qu'il « demeure » bien dans sa peau et s'adonne à sa tâche avec cœur, il importe au premier chef de toujours éviter de lui demander trop d'efforts, et trop vite. Il faut également varier les exercices, les lieux et les heures d'entraînement, changer l'allure lorsque manifestement il s'ennuie, lui parler, le caresser, en un mot, sans cesse s'inquiéter de sa condition psychique, de son moral.
Monter un cheval solide, musclé, volontaire et joyeux, voilà à quoi un entraînement bien pensé doit mener. Mais c'est là un travail minutieux et de longue haleine qui ne produit souvent un champion qu'au cours de la deuxième, voire de la troisième saison...

L'équipement du cheval

La selle

De longues heures sous la selle alliées à une certaine vitesse peuvent engendrer des plaies de harnachement, si l'équipement n'est ni confortable ni bien entretenu. Aussi chacune de ses pièces doit-elle être soigneusement choisie et régulièrement nettoyée, lavée, graissée.
Aux États-Unis, nombreux sont les selliers qui proposent des modèles de selles spécialement conçues pour l'endurance, légères, ayant une bonne surface portante et dégarrottant correctement. Le choix est moins vaste en France... Depuis quelque temps, on peut pourtant se procurer la selle qu'a mise au point Charles Danne : elle répond parfaitement aux nécessités de l'endurance. Les selles anglaises et américaines peuvent être utilisées, au prix de quelques transformations.
La surface portante — réduite — de la selle anglaise peut être compensée par l'utilisation d'un long et épais tapis de selle. Quant aux étriers classiques, dont la planche étroite est

Pages précédentes : randonnée, rallye, endurance, ou simple promenade ? Ci-contre : laisser souffler son cheval permet de profiter des paysages traversés.

peu confortable pour monter longtemps en suspension, il est préférable de les remplacer par d'autres de type « western » à plancher large.
Pour la monte d'endurance, le gros défaut de la selle américaine étant son poids, on doit chercher à l'alléger en la débarrassant de toutes pièces superflues (étrivières double ou triple, etc.). L'embouchure idéale pour un cheval qui n'a pas à être guidé avec une grande rigueur est celle qui le gêne le moins. Beaucoup de cavaliers d'endurance affichent une préférence marquée pour le hackamore. Facteur important du maintien en place du harnachement, le collier de chasse ou la bricole (l'usage de la croupière s'est malheureusement perdu) s'impose. Le tapis de selle, destiné à protéger le dos du cheval et à éponger la sueur, doit être épais et souple.

La ferrure

La ferrure doit répondre à deux impératifs : être solide (un entraînement sérieux provoque une usure rapide) et être confortable pour le cheval.
Il est important de faire souder sur les fers — en « pince » et sur les « éponges », parties avant et arrière du fer, — des points de métal dur permettant de prolonger sérieusement leur durée. Il est judicieux de faire poser des plaques de cuir ou de caoutchouc entre le fer et le pied. Cela permet d'éliminer les risques de blessures, de préserver le pied de la chaleur du fer provoquée par les frottements sur le sol, de compenser les chocs dus au port de fers par un amortisseur. Légères, résistantes, faciles à poser — sans clou —, des hipposandales, du type « Easy-Boots », ont la faveur de bien des amateurs aux États-Unis. Sans doute est-il inutile de préciser que la pose des fers doit être effectuée par un authentique maréchal et qu'il importe de referrer — et de parer les pieds — toutes les quatre semaines environ, pour la bonne raison que s'il a de mauvais aplombs ou des pieds trop longs, même s'il n'en souffre pas, le cheval se fatiguera davantage et son efficacité sera moins grande sur de longs parcours. Huit à dix jours avant l'épreuve, il est indispensable de referrer de façon que, avant l'effort, l'animal se fasse à ses nouvelles « chaussures ». En matière d'endurance, le problème de la maréchalerie est un « détail » primordial.

L'épreuve : la preuve

Plus qu'une compétition, le raid doit être, pour le cavalier, le test qui lui permet de juger de la qualité de l'entraînement qu'il a prodigué à son cheval. Tout au long de l'épreuve, il doit moins chercher à gagner qu'à obtenir de sa monture le meilleur d'elle-même, et sans jamais dépasser ses limites. Prenant en compte le fait que l'animal a ses capacités propres et a subi un entraînement particulier, il ne doit — sauf dans les derniers kilomètres — s'inquiéter en aucune façon de la progression ou de la « technique » des autres concurrents. Les contre-performances dues à un souci excessif de la « position » ne sont pas rares au cours des raids. Et, bien souvent, on assiste à cause d'elles à des arrivées où un classement qui paraissait certain se trouve bouleversé.

Savoir choisir la bonne vitesse

Afin de ménager sa monture, le cavalier monte en suspension, ce qui favorise l'engagement et soulage l'arrière-main. C'est là une monte de course, opposée à celle pratiquée à l'entraînement, car agir de la sorte durant des semaines amènerait le cheval à se mettre sur les épaules.
La nature du terrain, les conditions climatiques, mais surtout l'allant ou la fatigue du cheval, dictent les allures. Les temps de trot ou de galop sont inférieurs en durée à ce que le cheval a prouvé pouvoir soutenir durant l'entraînement. Sur les fortes déclivités, le cavalier met pied à terre et, en côte, se fait tirer par sa monture — accroché à la queue ou à une étrivière ; en descente, il marche à côté d'elle. Malgré la frénésie de certains concurrents, des arrêts judicieux ne sont jamais du temps perdu. En haut d'une côte, le cheval peut souffler quelques instants ; plus loin, on lui laisse le temps d'uriner, toutes choses qui lui sont bénéfiques au physique et au moral (à noter que le cheval d'endurance est habitué à uriner monté). On s'arrête aussi chaque fois que le cheval peut boire, près d'une mare ou d'un ruisseau. Par temps chaud, c'est là aussi l'occasion de doucher les jambes et la tête au moyen d'une éponge. Ce n'est pas — encore une fois — du temps perdu.
En outre, si le cheval mouille abondamment, il est bon de prévenir un état de déshydratation qui peut aller en s'empirant jusqu'à devenir catastrophique. Pour cela, on mélange dans une seringue du sel et des extraits de fruits en poudre — pour améliorer le goût —, qu'on additionne d'eau pour les diluer. Puis, on fait ingurgiter la préparation au cheval en prenant soin de lui relever la tête pour limiter les pertes.
Aux points de contrôle vétérinaire, des haltes d'une demi-heure à une heure sont en général imposées. L'examen de l'homme de l'art terminé, il faut permettre au cheval de se reposer, sans pour autant le laisser se refroidir. On le desselle d'abord, en le dessanglant progressivement, afin d'éviter qu'un afflux brutal de sang à l'endroit de la selle — elle a fait longtemps pression — n'occasionne des œdèmes. Dans le cas où une gonfle apparaîtrait, elle peut être résorbée par l'application d'un bloc de glace.

Préserver la santé du cheval

Il est deux façons d'éviter que le cheval ne se refroidisse : le masser et le faire marcher tenu en main. La bonne méthode consiste à utiliser la première sitôt le cheval arrêté — ce qui, en outre, lui est agréable —, puis la seconde, en prenant soin de protéger le rein d'une couverture. Si, au cours de la halte, une anomalie se faisait jour, il importe de s'en inquiéter et de la signaler au vétérinaire. Et cela même en prenant le risque de remettre en cause la poursuite de l'épreuve. La santé du cheval passe avant tout !
C'est encore elle qui prévaut à l'arrivée. Certes, le cavalier, selon la performance de sa monture, est satisfait des résultats du long entraînement auquel il l'a soumise ou, au contraire, découvre des lacunes qu'il va devoir s'efforcer de pallier avant le prochain raid. Mais, oubliant joie ou déception, il va faire en sorte que l'animal récupère le plus vite possible. Il évite l'arrêt brutal en promenant le cheval en main ; il l'abreuve petit à petit ; il le nourrit d'aliments non échauffants ; il surveille avec attention toutes ses réactions.
Tout ce qui précède indique clairement que la course d'endurance, pour le cheval comme pour le cavalier, commence bien avant le départ de l'épreuve et ne se termine pas sur la ligne d'arrivée. On peut en déduire aussi tout ce que cette discipline apporte à l'élevage et à l'équitation. Elle nécessite d'authentiques chevaux de « fatigue ». Et c'est grâce aux résultats des épreuves et aux observations des vétérinaires — impossibles dans tout autre contexte — que les éleveurs peuvent aller de plus en plus loin dans la production de chevaux robustes et résistants. Elle permet aussi — c'est l'évidence — la formation de cavaliers adroits et possédant un réel sens du cheval.
Bien que « découverte » depuis peu, la course d'endurance est une discipline aussi ancienne que la rencontre entre le cheval et l'homme. Et peut-être la plus complète qui soit.

Le dressage

Une discipline méconnue

Le dressage est peu mis en œuvre en France en tant que tel, c'est-à-dire en dehors de ce qui est indispensable à la pratique de l'équitation.
La désaffection des cavaliers actuels pour cette discipline s'explique, peut-être, par son trop grand succès jusqu'au siècle dernier : sa pratique, à un haut niveau d'équitation, nécessita dès lors une grande technique et beaucoup d'expérience, ce qui ne pouvait être le fait que d'une minorité de cavaliers. De plus, l'ambiguïté s'instaura, le mot français *dressage* étant le terme internationalement reconnu pour désigner cette forme artistique et restant le même pour désigner l'apprentissage du cheval à tous les exercices, des plus simples au plus complexes.
L'existence de critères de jugement sensiblement variables, puisqu'ils firent intervenir l'appréciation esthétique des juges — pas toujours impartiaux —, ne rendit pas la communication plus facile, ni entre les différentes écoles ni entre celles-ci et l'amateur qui désirait seulement partager avec son cheval le plaisir d'exécution d'un mouvement difficile. Voilà les quelques raisons qui peuvent expliquer la perte d'influence de la France dans le monde du dressage, au profit notamment de l'Allemagne ; le changement de motivation qui en découla peut d'ailleurs être considéré comme révolutionnaire, puisque cet art bascula du « brillant » latin dans la « rigueur » germanique.

La naissance du dressage académique

Sans remonter jusqu'au premier traité d'équitation détaillé, celui de Xénophon (vers le IVe siècle av. J.-C.), il est tout de même possible de reculer assez loin, au XVIe siècle, l'origine de l'« art équestre ».
La recherche, en équitation, fut le plus souvent motivée par des impératifs militaires : posséder la meilleure cavalerie, la plus efficace grâce à une technique de monte plus poussée ou un harnachement mieux étudié. Or, la Renaissance italienne vit s'ouvrir des écoles où la guerre à cheval devint prétexte à recherche esthétique. Des mouvements comme la *levade* ou la *cabrade,* dans lesquels le cheval dressé sur ses membres postérieurs peut se transformer en « machine de guerre », constituèrent bientôt la base des « airs relevés ». Travaillés à pied (le cheval tenu en longues rênes ou enrêné entre deux piliers), puis montés, ces exercices étaient présentés par des « écuyers » comme preuve de leur maîtrise. Ils furent donc ainsi beaucoup plus exécutés — et ceci fort heureusement — en manège, devant un public, que sur les champs de bataille.

La monte italienne fait école

Ce nouvel esprit de l'équitation, dont les maîtres ont pour nom Fiaschi, Grisone, Pignatelli, se développa dans les académies de Ferrare et de Naples, et se répandit dès la seconde moitié du XVIe siècle dans toute l'Europe. En effet, les élèves furent nombreux : des Italiens, mais aussi des Allemands et des Français. Parmi ceux-ci, Antoine de Pluvinel (1555-1620) fut considéré comme l'ancêtre de l'« équitation savante ». Ecuyer de Henri III, responsable des Grandes Écuries du roi Henri IV, il devint le premier professeur du futur Louis XIII. Son crédit fut grand, et les théories équestres ont évolué considérablement sous son influence. La fondation du manège de Versailles, en 1680, marqua toute l'équitation de l'époque et, à l'étranger, les académies se multiplièrent à son image. Pourtant, ce n'est pas l'école de Versailles qui fit date, mais le manège des Tuileries, que dirigea durant trente ans François Robichon de La Guérinière (1687-1751) ; récemment, le lieutenant-colonel Durand, qui commande le prestigieux Cadre noir de Saumur, disait de lui qu'il avait donné naissance à la « manière française » : elle consiste à laisser le cheval en liberté sur parole (prouvée par l'utilisation de la descente de main) après l'avoir équilibré (usage de l'exercice que constitue l'épaule en dedans). Nous voilà à la source de la « monte toute en finesse ».

L'équitation française et ses héritiers

Notons, dans la droite ligne de cette tradition, mais typique par l'usage de chevaux bien spécifiques, la création en 1729 de l'école espagnole de Vienne. Avec, comme remontes, les produits d'étalons andalous et de juments autochtones, nés au haras de Lipizza (d'où leur nom de lipizzans), cette célèbre institution autrichienne a conservé intacte jusqu'à nos jours la grande tradition des « airs relevés » de la Renaissance.
Après la disparition, au cours des guerres et révolutions successives, des grands « manèges », seul le Cadre noir — unité constituée de maîtres et de sous-maîtres de l'école de cavalerie de Saumur (qui date de 1771) et devenue, depuis peu, l'École nationale d'équitation (civile et non plus militaire) — peut rivaliser aujourd'hui avec les cavaliers des lipizzans en équitation académique.
L'histoire de l'école est riche en grands noms, comme ceux du comte d'Aure (1799-1863) et du général L'Hotte (1825-1904). D'Aure reste pour la postérité le chef de file des cavaliers adeptes de l'« extérieur », recherchant avant tout le cheval « franc devant lui ». Il sera opposé, en ce sens, à Baucher (1796-1873), qui recherchait la légèreté par l'application d'une équitation, « science exacte », pratiquée surtout en manège. C'est L'Hotte, leur élève commun, qui s'ingéniera à opérer la synthèse de leurs enseignements restés si longtemps rivaux. Il ne faut pas oublier le général Wattel, le colonel Danloux, le général Decarpentry ni des civils comme James Fillis (Anglais naturalisé français, écuyer en chef à la cour du tsar). Mais, des grandes académies d'antan, ne restent plus que Vienne et Saumur. Quelques écuyers individuels (comme Nuno Oliveira) conservent également les grandes traditions classiques. Il semble pourtant exister une différence importante entre cet académisme et les actuelles reprises de dressage présentées en concours.

Les concours de dressage

Avec l'avènement du cheval de sport, au début du siècle, beaucoup de cavaliers désirèrent mettre sur pied des confrontations « étalonnées ». À la différence du saut d'obstacles, où les fautes (barres tombées ou refus) sanctionnent le

La courbette, mouvement traditionnel de l'équitation classique et du Cadre Noir de Saumur. Pages suivantes : Dominique d'Esmé (Fr.) sur Carioca.

S
S

concurrent d'un nombre de points fixes et faciles à additionner, le jugement d'une suite de figures imposées, en dressage, relève surtout de l'évaluation personnelle des juges.
Pour que la hiérarchie soit établie de façon constante, entre des prestations identiques, par des juges différents, des critères furent établis pour l'attribution des notes. Ainsi, chaque mouvement est évalué (de « excellent » [note 10] à « non exécuté » [note 0], en passant par « satisfaisant » [6], « suffisant » [5], etc.). Des notes d'ensemble sanctionnent le cavalier, sa monture et le « couple » qu'ils forment. Les « reprises » elles-mêmes — successions dans un ordre déterminé de mouvements, changements d'allures, arrêts, etc. — sont classées, par ordre de difficulté croissante. Si cette progression doit permettre à un cavalier d'atteindre, avec son cheval, le but du dressage qui est toujours le « développement harmonieux de l'organisme et des moyens du cheval », selon les termes du règlement international, les critères ont sensiblement évolué depuis la baisse d'importance de l'équitation « latine », au profit de l'équitation « germanique ».
Les moyens, adaptés à des montures plus « fortes » généralement que les nôtres, entraînent des réactions différentes — souvent plus contractées —, qui ont influencé la nouvelle « esthétique » de ces compétitions. La comparaison avec l'équitation académique — différente entre l'école de Vienne, aux lipizzans « carrés », et le Cadre noir avec ses pur-sang, plus fins — montre bien la part importante que prend la morphologie de la monture dans cette chorégraphie équestre. La mode est aux grands chevaux allemands. C'est donc la monte germanique (adoptée par les compétiteurs suédois, suisses et soviétiques) qui domine sur les terrains de dressage, au détriment des chevaux anglais, américains et... français.

Mais, sans en arriver à ce niveau — assez polémique, il est vrai —, le cavalier que la compétition n'attire pas trouve beaucoup de bénéfices à travailler selon le plan des reprises officielles. En effet, cela lui donne un canevas qui doit lui permettre d'obtenir les résultats d'un bon dressage, c'est-à-dire la faculté de rendre le cheval « à la fois calme, souple, délié et flexible, mais aussi confiant, attentif et perçant, réalisant ainsi une entente parfaite avec son cavalier » *(Manuel de la Fédération équestre internationale).* Voilà pourquoi nous allons citer, non pas les exercices demandés, mais les objectifs à atteindre selon les niveaux des reprises.
Dans les reprises 1, 2 et 2 *bis,* sont mis en valeur pour le cheval son calme, la franchise de son impulsion (son désir de se porter en avant par obéissance à l'action des jambes du cavalier), la fixité de sa tête, le contact ferme de sa bouche sur des rênes tendues par lui-même, la régularité de ses allures. Le cavalier doit montrer la qualité de son assiette (sa faculté à tenir en selle harmonieusement), le moelleux et la constance du contact de ses mains avec la bouche du cheval, la correction de la position des jambes et l'indépendance des aides.

Pour les reprises numéros 3, 3 *bis* et 3 *ter,* interviennent, entre autres, les compléments suivants :
— le cheval est « sur la main », c'est-à-dire que sa tête est fixe, sur une encolure soutenue sans raideur ;
— les transitions (passages d'une allure à une autre ou modifications de cette allure) et les changements de direction sont aisés ;
— existence d'une souplesse et d'une décontraction générales ainsi que de l'équilibre à toutes les allures.
Aux stades suivants, est exigé un cheval « droit » (des trois qualités citées par le général L'Hotte, « calme, en avant, droit », elle paraît la plus simple et pourtant se révèle la plus délicate à obtenir), qui vient dans la main (preuve exigée : une « discrète mobilité de la mâchoire à la demande du cavalier »). Dans les reprises de niveau international seulement sont abordés certains « airs d'école » ; non pas les « sauts » évoqués pour les académies de la Renaissance (cabrade, croupade, etc.), réservés aux écuyers de Vienne ou de Saumur, mais le passage et le piaffer (trot ralenti enlevé, trot sur place enlevé), par exemple.

Les concours de dressage consistent en l'exécution de « reprises », enchaînements imposés de figures et d'allures plus ou moins difficiles selon le niveau de la compétition.

Grands rendez-vous et grands cavaliers

Après une brève apparition aux jeux de Paris (1900), où le capitaine de Champsavin (France) obtint la médaille de bronze, le dressage individuel ne connut la flamme olympique qu'en 1912 (Stockholm), et en 1928 (Amsterdam) par équipe. Le colonel Lesage (France), champion individuel et par équipe en 1932, restera dans l'histoire pour avoir eu, avec *Taine,* le cheval le « plus beau du monde », tellement il était léger et précis à la fois sur une carrière de dressage. Les femmes sont à l'honneur, puisque Christine Stueckelberger (Suisse) remporta plusieurs titres olympiques et mondiaux avec *Granat,* tandis que Elsa Lisenhoff (Allemagne) et Elena Petuschkova (Union soviétique) figurèrent longtemps parmi les meilleures spécialistes de ce genre. En France, de nos jours, après la « retraite » de Patrick Le Rolland, qui se consacre à sa mission d'entraîneur national de cette discipline, ce sont deux cavalières, Dominique d'Esmé et Margit Otto Crépin, qui représentent le mieux nos couleurs à l'étranger. Quelques jeunes promettent aussi beaucoup, et le dynamisme des passionnés de cet art laisse espérer une prochaine remontée de nos concurrents au palmarès mondial.
Et les poneys ?
Les concours de dressage officiels pour poneys sont, à leur échelle, calqués sur ceux des chevaux. Toutefois, le caractère parfois peu docile de cette monture perturbe souvent les démonstrations des catégories débutantes. Mais dès que le poney est plus grand, plus proche du cheval, les reprises deviennent très sérieuses et permettent une initiation bénéfique au travail « sur le plat », cet élément indispensable de l'apprentissage d'une monture à toutes les subtilités de l'équitation. Comment manœuvrer son poney (ou son cheval) en promenade, en concours hippique ou même en manège, si le calme et l'impulsion ne sont pas obtenus ? L'équitation ne se satisfait pas d'exercices brouillons, car la communication entre les deux membres du « couple » ne peut être correcte que si le langage appris à la monture, et « parlé » par le cavalier, est le plus précis possible.
Alors, vive le travail sur le plat ! Sans aller jusqu'aux concours internationaux, il permet déjà, même dans les pires conditions de terrain ou d'environnement, d'arriver à aller... où l'on veut !

Champions Olympiques

Jeux Olympiques	Individuel	Par équipe
Stockholm, **1912**	Bonde (Suède)	—
Anvers, **1920**	Lundblad (Suède)	—
Paris, **1924**	Von Linder (Suède)	—
Amsterdam, **1928**	Von Langen (Allemagne)	Allemagne
Los Angeles, **1932**	Lesage (France)	France
Berlin, **1936**	Pollay (Allemagne)	Allemagne
Londres, **1948**	Moser (Suisse)	France
Helsinki, **1952**	St-Cyr (Suède)	Suède
Melbourne, **1956**	St-Cyr (Suède)	Suède
Rome, **1960**	Filatov (U. R. S. S.)	—
Tōkyō, **1964**	Chammartin (Suisse)	R. F. A.
Mexico, **1968**	Kisimov (U. R. S. S.)	R. F. A.
Munich, **1972**	Lisenhoff (R. F. A.)	U. R. S. S.
Montréal, **1976**	Stueckelberger (Suisse)	R. F. A.
Jeux de remplacement, Goodwood, **1980**	Stueckelberger (Suisse)	R. F. A.
Los Angeles, **1984**	Reiner Klimke (R.F.A.)	R.F.A.
Séoul, **1988**	Nicole Uphoff (Allemagne)	R.F.A.
Barcelone, **1992**	Nicole Uphoff (Allemagne)	Allemagne

Championne du monde 1990 : Nicole Uphoff (Allemagne).

Le concours hippique

La naissance d'une technique

Est-il naturel pour un cheval de sauter les obstacles ? En liberté, les animaux évitent autant que possible les fossés et les haies ; pourtant, ils les franchissent d'instinct lorsqu'ils y sont obligés. Monté pour la première fois, le jeune cheval effectue d'ailleurs des bonds qui mettent en œuvre une détente musculaire comparable à celle nécessitée par le saut, c'est-à-dire propulsant la masse vers le haut, et non vers l'avant comme dans le galop.
Chaque monture est plus ou moins apte à cet exercice, de la même manière qu'elle peut être plus ou moins rapide. Toutefois, les premiers cavaliers, et depuis eux tous ceux qui se sont succédé jusqu'au XVIIIe siècle, apprécièrent le cheval bien plus pour sa vitesse que pour son aptitude au saut. C'est ainsi que les entraînements et les jeux se limitèrent longtemps à différents types de courses. Mais les chevauchées dans la campagne, les chasses en terrain varié mettaient souvent les participants dans l'obligation de franchir barrières, cours d'eau et troncs d'arbres. Dans la nécessité qu'ils étaient de tenir en selle, les cavaliers adoptaient alors une position assise, le haut du corps en arrière, les jambes tendues en avant, les doigts desserrés laissant les rênes s'allonger suivant le mouvement de l'encolure. Dans ces conditions, à l'inconfort du moment succédait une période durant laquelle l'homme n'était plus maître de sa monture, jusqu'à ce qu'il ait rajusté ses rênes.

Les origines du « saut d'obstacles »

Même avec l'institution, en Angleterre et en Irlande, des « chasses », prétextes à cavalcade dans la nature, le saut resta donc longtemps un « incident de parcours ». Puis certains sportifs anglais prirent goût à cette activité, rendue de plus en plus nécessaire, il est vrai, par la multiplication des barrières au XVIIIe siècle dans leur pays, suite à la « loi des clôtures ». Durant un siècle, cette discipline se limita au *steeple-chase,* c'est-à-dire au franchissement d'obstacles naturels dans leur élément. Par la suite apparurent des compétitions de saut sur des constructions artificielles, des « barres » et des « murs » dressés le plus souvent dans un manège couvert, entre deux représentations de dressage. Ces « démonstrations » eurent de plus en plus de succès, et furent officialisées par les jeux Olympiques de 1900 : les secondes olympiades modernes, organisées à Paris, comprenaient, en effet, trois épreuves de saut — une en hauteur, une en longueur et une troisième de « maniabilité ». Pourtant, la forme des obstacles — toujours semblables à ce qu'un cavalier pouvait rencontrer dans la nature (muret, barrière) —, comme la position adoptée, toujours en arrière, ne pouvaient vraiment permettre le développement de cette activité. C'est à la même époque que le capitaine Caprilli, un officier italien, systématisa un nouvel « équilibre » : s'inspirant des jockeys de courses américains, il proposa une position en appui sur les étriers, le haut du corps vertical et le bassin libre, au-dessus de la selle. Les mains et les épaules suivent le mouvement de tête du cheval, vers l'avant, au moment du saut, le buste restant droit jusqu'à la réception ; ainsi la monture n'est pas gênée dans son effort, et saute plus facilement... et plus haut !
Les cavaliers français, qui comptaient à cette époque parmi les meilleurs sportifs mondiaux, adoptèrent peu à peu cette technique.

La « monte en suspension »

Ainsi, tandis que le capitaine *Cariou* remportait la médaille d'or aux jeux Olympiques de Stockholm, assis en arrière, le colonel *Danloux* enseignait à ses élèves de l'école de cavalerie de Saumur la « monte en suspension » pratiquement telle qu'elle est appliquée aujourd'hui : le buste, penché parallèlement à l'encolure, permet au cavalier de suivre le mouvement du cheval, en ne se redressant qu'au moment de la réception des membres antérieurs à terre. Pour permettre cette position, Danloux étudia une selle plus confortable que celle de l'armée, avec l'arrière (le troussequin) plus large et surtout des renflements latéraux maintenant la jambe en place durant le saut.

Les épreuves et leurs obstacles

Depuis lors, les épreuves de saut se sont codifiées, mais le but reste le même : franchir un certain nombre d'obstacles difficiles « sans faute », c'est-à-dire sans s'arrêter devant ni les renverser. Pour cela, non seulement le cheval ne doit pas être gêné par son cavalier (la monte en arrière, qui chargeait le dos et les reins du cheval du poids du cavalier, n'est plus envisageable dans nos compétitions actuelles), mais surtout celui-ci doit effectuer un gros travail d'entraînement avec sa monture, avant d'affronter les épreuves internationales.

Les bases du règlement

En effet, les difficultés rencontrées peuvent être nombreuses. Ainsi, le principe de base du concours hippique est le franchissement, dans un temps donné, d'un nombre précis d'obstacles, selon un certain ordre ; le nombre, la nature, la taille et la succession des obstacles constituent ce qui est

Eric Wauters, l'un des piliers de l'équipe internationale belge. Pages suivantes : Melanie Smith (U. S. A.), première cavalière à avoir remporté la Coupe du monde, en 1982.

83

généralement appelé un « parcours ». Franchir toutes les difficultés sans « pénalité » (faire un sans-faute) n'est pas pour autant toujours suffisant pour gagner, car souvent le temps intervient, le vainqueur étant alors le plus rapide des cavaliers « sans faute ». Les pénalités, quant à elles, créditent leurs auteurs de trois points pour le premier refus ou dérobade (le cheval évitant l'obstacle), six points pour le deuxième, l'élimination définitive pour le troisième. Un obstacle renversé (totalement ou en partie) ou la pose d'un sabot dans l'eau lors du saut de la rivière « coûtent » quatre points à chaque fois. Dans ces conditions, le meilleur est celui qui a le moins de points. Il arrive ainsi, lors d'un parcours très difficile, d'avoir un gagnant tout de même pénalisé de quelques points ; en cas d'*ex æquo* pour la première place, un parcours plus court est généralement monté, appelé « barrage », fondé sur les mêmes principes et couru « au chronomètre » : le plus rapide ayant le moins de points gagne.

Les difficultés ne résident heureusement pas dans la seule taille des obstacles : même en épreuves internationales, la hauteur maximale dépasse rarement 1,65 m (rappelons que le record de saut en hauteur à cheval, disputé sur deux obstacles, dont un seul très gros, est de 2,47 m) ; c'est plutôt le tracé, plus ou moins sinueux, la disposition des obstacles (permettant un « abord », c'est-à-dire une approche, plus ou moins facile) et leur succession en « combinaison » (deux obstacles très proches, avec deux foulées ou moins entre eux forment un « double », trois successifs forment un « triple ») qui posent des problèmes techniques aux chevaux et aux cavaliers. Car franchir un très gros obstacle met déjà en cause la puissance de la monture et son dressage ; passer successivement plusieurs gros obstacles demande en plus de la souplesse et de l'équilibre pour conserver toute l'aptitude au saut malgré les tournants ; enfin, savoir évaluer les différentes difficultés (selon la nature de l'obstacle, la distance qui le sépare des autres, etc.) exige un travail très soigné, une grande entente dans le « couple » cavalier-cheval... tout ce qu'on appelle généralement « expérience ».
Les obstacles sont divisés en deux catégories : les « verticaux » (ou « droits », leur profil constituant une ligne perpendiculaire au sol) et les obstacles « en largeur » nécessitant un effort du cheval tant en hauteur qu'en largeur. Parmi les « verticaux » se trouvent la *stationnata,* constituée de barres superposées, la barrière, le mur ; parmi les obstacles en largeur, l'*oxer* (pas toujours « au carré », le profil peut être plus large que haut, la barre de derrière plus haute que celle de devant), la barre de Spa (barres en escalier), etc.

Les différentes épreuves

Ces obstacles constituent le « squelette » d'un concours hippique ; ils peuvent donc être disposés selon un tracé comportant plus ou moins de tournants — sur un terrain, pourquoi pas, présentant lui-même des difficultés, comme une légère descente mettant les concurrents en déséquilibre. Enfin, le barème même (le compte des points) de l'épreuve peut différer : ainsi, il existe des prix spéciaux, comme le prix du Champion, course sur parcours parallèles par deux cavaliers à la fois ; le « choisissez vos points », où chaque cavalier a pour score le nombre obtenu après addition des points dévolus à chaque obstacle (plus ou moins cher selon sa difficulté) franchi correctement dans un temps limite ; ou encore le « parcours de chasse », où les fautes aux obstacles sont comptées en secondes et ajoutées au temps mis par le cavalier et sa monture à effectuer le parcours. Ces variantes permettent ainsi de combattre la monotonie que pourrait constituer un concours aux épreuves identiques.

Voici la décomposition en trois phases d'un saut, celui de Gilles Bertran de Balanda (France) sur* Grand Cœur *: en haut l'« appel », au milieu le « plané », en bas la « réception ».

Mais, pour le cheval et son cavalier, le travail de base reste le même : il s'apparente en fait à la préparation d'un athlète de haut niveau, dont la performance doit pouvoir se réaliser dans des circonstances et sur des terrains très variés. La monture sera déjà choisie en fonction d'aptitudes certaines au saut d'obstacles : morphologie puissante, sans défauts, caractère si possible calme, confiant, courageux.

La préparation du cheval

Le travail débute généralement à l'âge idéal de cinq ans (la croissance est alors achevée, mais le cheval est encore prêt à apprendre, il est « neuf ») ; le dressage « sur le plat » lui apprend à rester en équilibre à toutes les allures, à obéir instantanément aux demandes de son cavalier (partir, arrêter, tourner, etc.) ; la gymnastique sur des petits obstacles lui fait prendre connaissance de la dynamique du saut, décomposée en foulée d'appel (il soulève ses membres antérieurs, et se propulse vers le haut avec les postérieurs), en « plané » (les quatre membres groupés, il survole l'obstacle et se sert de son encolure comme balancier pour « s'enrouler » autour de la barre) et en « réception » (les antérieurs, tendus en avant, supportent le premier choc, puis sont rejoints par les postérieurs) ; enfin, de longs exercices, notamment en extérieur, lui font acquérir muscles et souffle. Toutefois, la technique en elle-même devra être longtemps répétée.
Ainsi, la monture devra être habituée à toutes les combinaisons possibles, avec des intervalles de 7 à 12 m séparant deux verticaux, ou deux oxers, ou un oxer et un vertical pour les doubles ; puis des permutations similaires entre les trois éléments d'un triple, avec variation des distances entre chaque obstacle. Enfin, il faudra enchaîner toutes ces difficultés, après les avoir affrontées une à une. Soupçonniez-vous autant de peines derrière le parcours qui paraît si simple en concours ? Et les couples dont la prestation semble la plus aisée sont bien ceux qui ont travaillé le plus.

Les grandes rencontres

Ainsi, dès 1907 (date du premier concours hippique international à l'Olympia de Londres), les plus grands cavaliers s'affrontèrent sur des épreuves d'une durée moyenne d'1 min 30 s, pour juger d'un travail généralement de plusieurs années. Les rendez-vous mondiaux (jeux Olympiques, championnats et, plus récemment, coupes du monde) sont préparés par des épreuves internationales très importantes : Horse-Show de Dublin, Hickstead, Aix-la-Chapelle, Rotterdam comptent parmi les plus prestigieux C. S. I. O. (concours de saut internationaux officiels), sans oublier Rome, Genève, Paris (dont la piste est désormais à Longchamp, sur le champ de courses). D'autres concours de saut internationaux (C. S. I.) constituent des rencontres moins importantes, confrontations limitées à deux ou trois nations, « entraînements » aux grandes échéances annuelles.
Quant aux niveaux nationaux, les concours de saut officiels (C. S. O.) se divisent (par importance décroissante) en « classe A », « classe B », « classe C », « classe D » (hauteurs d'obstacles allant de 1,50 m à 1,05 m). Le passage par chaque catégorie n'est pas obligatoire pour arriver au plus haut niveau, et les cavaliers juniors notamment, s'ils disposent de bons chevaux, font parfois des entrées fracassantes parmi les « grands » après une ascension rapide. Si l'équitation reste le sport où la moyenne d'âge des champions est la plus élevée, celle-ci a cependant décru au cours de la dernière décennie.

La position du cavalier au-dessus de l'obstacle doit avant tout respecter l'équilibre du cheval ; cette vue inhabituelle illustre la manière dont le couple « fait corps ».

Les grands cavaliers

Pierre Jonquères d'Oriola, médaille d'or aux jeux Olympiques de Tokyo, Hubert Parot, Michel Roche, Marc Roguet et Marcel Rozier, médaillés d'or par équipe à Montréal, sont remplacés sur le podium par des «jeunes» qui y montent avec dix ans de moins. Il est vrai que l'équipe française championne du monde à Dublin en 1982, composée de Gilles Bertran de Balanda, Patrick Caron, Frédéric Cottier et Michel Robert, était l'une des plus jeunes en présence. Cela n'empêche d'ailleurs pas les «vétérans» de mener la vie dure à la nouvelle génération : Paul Schockemöhle et Gert Wiltfang (R. F. A.), Hugo Simon (Autriche), Malcohm Pyrah (Grande-Bretagne), le capitaine Gerry Mullins (Irlande), Melanie Smith (États-Unis), tiennent toujours tête à Nick Shelton (Grande-Bretagne), Eidi Robbiani (Suisse), Norbert Koof (R. F. A.). En France, Hubert Parot reste le cavalier ayant le plus d'expérience, tandis que Hubert Thirouin, Patrice Delaveau, Philippe Rozier (le fils de Marcel Rozier, ancien entraîneur national), font leur entrée parmi l'élite.

Ils sont trop nombreux pour être tous cités, et les impératifs d'entraînement de leurs chevaux, comme les formes et les méformes de ceux-ci, les font apparaître tour à tour sur le devant de la scène. Pourtant, leur qualité se reconnaît à la régularité avec laquelle, plusieurs années durant, ils se classent avec leur cheval favori parmi les meilleurs. Et ils ont vu tant de choses avec cette monture, ils ont tant travaillé et ont eu parfois tant de joie à gagner avec elle, que son vieillissement leur créera presque inéluctablement un «trou» de quelques saisons; peut-on former un remplaçant au complément de soi-même? La symbiose cavalier-monture, à ce niveau de compétition, entraîne souvent le vieillissement simultané de chacun.

Poney et saut d'obstacles

Les poneys montrent une étonnante aptitude au saut. Toutes proportions gardées, il est même admis qu'ils franchissent les obstacles — en rapport avec leur taille — avec plus de facilité que les chevaux. Ainsi les concours hippiques se sont multipliés pour eux, et les poneys-clubs proposent de plus en plus de «reprises de saut» pour préparer enfants et montures aux épreuves. Il est toutefois difficile d'affirmer qu'un bon cavalier à poney deviendra un grand concurrent dans les parcours pour chevaux; au contraire, il semble souvent que la transition de l'un à l'autre soit assez malaisée. Les obstacles sont pourtant constitués des mêmes éléments et parfois tout aussi élevés : ils atteignent 1,40 m de hauteur pour des compétitions internationales. La technique d'entraînement ne diffère pas non plus fondamentalement de celle employée pour les chevaux. Ainsi, le principe de base est toujours l'équilibre, qui permet à la monture de se préparer correctement et de régler sa foulée d'appel à la taille et au profil (vertical ou large) de ce qu'il doit sauter. La différence provient cependant d'une particularité du poney, qui est d'avoir une arrière-main (croupe et membres postérieurs) particulièrement puissante : ce qui lui permet de franchir une barre, éventuellement, «de pied ferme», c'est-à-dire sans élan. Dans ces conditions, l'approche est sensiblement opposée à celle du cheval qui, s'il se ralentit dans les derniers mètres, garde toujours une certaine vitesse dont il se sert pour «couvrir», en largeur, le saut qu'il effectue. Le poney aura donc plus tendance à partir en «chandelle» — ce qui se ressent aussi dans la position du cavalier : les genoux serrés sur la selle, ce dernier n'accompagne pas le saut en se penchant en avant, mais reste souvent seulement «en suspension», debout sur les étriers et les mains posées sur l'encolure. Cette position est d'ailleurs celle qu'il prend aussi lorsqu'il monte sans selle — ce qui est très fréquent avec les plus petits poneys. Dans ce cas, il se penche légèrement en avant et il se soulève du dos de la monture, en serrant fort ses genoux. Il n'est pas question pour le jeune cavalier, dans ces conditions, d'«intervenir» pour améliorer la trajectoire au-dessus des barres; il faut donc que le travail préparatoire ait donné technique et «allant» au poney, le jeune concurrent

Patrick Caron, aujourd'hui entraîneur national, faisait partie de l'équipe de France championne du monde (Dublin, 1982) avec Gilles Bertran de Balanda, Frédéric Cottier et Michel Robert.

n'ayant plus, le jour du concours, qu'à entretenir l'impulsion, diriger et... tenir jusqu'à la ligne d'arrivée.

Cette équitation a peu de rapports avec celle qui a été décrite pour les chevaux. Mais c'est celle des petits poneys, et il faut bien avouer que, depuis quelques années, elle a radicalement évolué chez les catégories supérieures. Car, si le poney est défini par sa taille (moins d'1,48 m au garrot), il est lui-même divisé en plusieurs sections : les poneys «A» (les plus petits, comme les shetlands) mesurent jusqu'à 1,07 m; ensuite, les poneys «B», jusqu'à 1,30 m; «C», jusqu'à 1,40 m; et enfin les poneys «D», jusqu'à 1,47 m. Ces derniers, qui ont très souvent dans leurs veines du sang de chevaux pur-sang anglais, sont moins « rustiques » (tête et corps moins ronds, crins plus fins) et ressemblent en fait à de petits chevaux (membres longs et fins, épaule bien dessinée, etc.) ; ils sautent d'ailleurs comme eux (et presque aussi haut) et donnent donc lieu à une position plus proche de celle précisée à l'occasion des concours hippiques, suivant le mouvement de « balancier » décrit par l'encolure au-dessus des obstacles. Ainsi il existe plus de similitudes entre les exercices, la technique et les épreuves de poneys « D », et ceux des chevaux, qu'entre ceux des poneys « D » et des poneys « A ». Cela est vrai depuis déjà longtemps dans les pays anglo-saxons (en Angleterre, plus particulièrement), et il se trouve que presque tous leurs champions équestres actuels ont débuté à poney dans leur jeunesse. En France, ce n'est pas le cas, sans doute parce que l'équitation à poney n'était pas aussi développée, ni les « D » aussi proches des chevaux. L'évolution actuelle devrait donc amener, dans une décennie, toute une vague d'excellents cavaliers « venus du poney ». Le côté naturel, « confiant », de cette équitation devrait ainsi influencer bénéfiquement la rigueur du travail équestre, qui se veut la « panacée », sous l'influence des méthodes (couronnées de succès, il est vrai) des cavaliers allemands. Et, même si elle ne devait apporter que cela, la passion que le poney peut inspirer aux jeunes cavaliers, et qui peut se reporter plus tard sur le cheval, vaut que son apprentissage soit conseillé au plus grand nombre d'enfants. Une fois le contact pris et la connivence découverte, l'aspect sportif ou non du débutant est superflu : seule, la communion dans l'équitation existe et dure.

Philippe, le fils de Marcel Rozier (médaille d'or aux jeux Olympiques de Montréal en 1976, ancien entraîneur national) est un des grands espoirs français de la jeune génération.

Chevaux et poneys de concours hippique

Certaines races de chevaux sont plus riches que d'autres en sujets doués pour le saut. Pourtant la morphologie et le caractère individuels comptent avant tout ; la monture doit être solide, avec un bon équilibre, un geste bien relevé des membres antérieurs au-dessus de la barre, une croupe puissante et de bons jarrets pour enlever la masse constituée de la monture et de son cavalier ; enfin le rein doit être court, le dos droit (surtout pas creux) et musclé. Le caractère recherché est éveillé, « allant » mais calme. Ce type de monture se trouve chez le selle et le trotteur français, l'anglo-arabe (souvent pourtant un peu « chaud », nerveux), le pur-sang anglais (souvent délicat, au moral comme au physique) ; le hunter irlandais est très prisé également, ainsi que le trakehner et le holstein allemands. Chez les poneys, citons le welsh, le new forest, le connemara, le poney français de selle, et, dans la catégorie « A », le shetland.

Champions Olympiques

Jeux Olympiques	Individuel	Par équipe
Stockholm, **1912**	Cariou (France)	Suède
Anvers, **1920**	Lequio (Italie)	Suède
Paris, **1924**	Gemusens (Suisse)	Suède
Amsterdam, **1928**	Ventura (Tchécoslovaquie)	Espagne
Los Angeles, **1932**	Nishi (Japon)	Allemagne
Berlin, **1936**	Hasse (Allemagne)	Allemagne
Londres, **1948**	Cortes (Mexique)	Mexique
Helsinki, **1952**	Jonquères d'Oriola (France)	Grande-Bretagne
Melbourne, **1956**	Winkler (R. F. A)	R. F. A.
Rome, **1960**	R. d'Inzeo (Italie)	R. F. A.
Tōkyō, **1964**	Jonquères d'Oriola (France)	R. F. A.
Mexico, **1968**	Steinkraus (États-Unis)	Canada
Munich, **1972**	Mancinelli (Italie)	R. F. A.
Montréal, **1976**	Schockemöhle (R. F. A.)	France
Moscou, **1980**	Kowalczyk (Pologne)	U. R. S. S.
Jeux de remplacement, Rotterdam, **1980**	H. Simon (Autriche)	Canada
Los Angeles, **1984**	Joë Fargis (États-Unis)	États-Unis
Séoul, **1988**	Pierre Durand (France)	Allemagne
Barcelone, **1992**	Ludger Beerbaum (Allemagne)	Pays-Bas

Championnats du monde

Hickstead, **1965**	Cavalières : Marion Coakes (Grande-Bretagne)	
Buenos Aires, **1966**	Cavaliers : P. Jonquères d'Oriola (France)	
La Baule, **1970**	Cavaliers : David Broome (Grande-Bretagne)	
Copenhague, **1971**	Cavalières : Janou Lefebvre (France)	
La Baule, **1974**	Cavalières : Janou Lefebvre (France)	
Hickstead, **1974**	Cavaliers : Hartwig Steeken (R. F. A.)	
Aix-la-Chapelle, **1978**	Nouvelle formule Individuel : Gert Wiltfang (R. F. A.)	Par équipe : G.-B.
Dublin, **1982**	Individuel : Norbert Koof (R. F. A.)	Par équipe : France
Aix-la-Chapelle, **1986**	Individuel : Gail Greenough (Canada)	Par équipe : États-Unis
Stockholm, **1990**	Individuel : Éric Navet (France)	Par équipe : France

Coupes du monde

Göteborg, **1979**	Hugo Simon (Autriche)
Baltimore, **1980**	Conrad Homfeld (États-Unis)
Birmingham, **1981**	Michael Matz (États-Unis)
Göteborg, **1982**	Melanie Smith (États-Unis)
Vienne, **1983**	Norman Dello Joio (États-Unis)
Göteborg, **1984**	Mario Deslauriers (Canada)
Berlin, **1985**	Conrad Homfeld (États-Unis)
Göteborg, **1986**	Leslie Bur (États-Unis)
Paris, **1987**	Katherine Burdsall (États-Unis)
Göteborg, **1988**	Ian Millar (Canada)
Tampa, **1989**	Ian Millar (Canada)
Dortmund, **1990**	John Whitaker (Grande-Bretagne)
Göteborg, **1991**	John Whitaker (Grande-Bretagne)

Le concours complet

Le concours complet est la discipline équestre la plus spectaculaire, mais aussi la plus critiquée. Elle est éprouvante, voire dangereuse pour des chevaux ou des cavaliers mal entraînés, et à ce titre toute erreur peut provoquer la chute. Il n'est pourtant pas question de remettre cette compétition en cause ; il faut seulement souligner ses dangers et faire en sorte que ne participent aux épreuves les plus difficiles que des couples techniquement aptes, et au mieux de leur condition physique. Ce sport gardera ainsi tout son éclat et restera digne des lettres de noblesse acquises tout au long de son histoire.

De la chasse au « military »

Peut-on considérer la chasse comme l'ancêtre du concours complet ? Indirectement oui, dès le moment où elle perdit sa nécessité cynégétique pour ne plus être qu'un prétexte à de grandes chevauchées en « tout terrain », avec franchissement des obstacles les plus imprévus. Dans cette optique, l'Angleterre et l'Irlande apparaissent comme les berceaux spirituels de la discipline, avec leurs traditionnels drags qui font parcourir depuis plusieurs siècles des dizaines de kilomètres aux cavaliers et à leurs montures, en sautant murets de pierre, chemins, haies et rivières tels qu'ils se présentent.
Mais les militaires avaient eux aussi des compétitions d'endurance, pour juger des capacités éventuelles de déplacement de leur troupe ; cela « dégénérait » souvent en pari, et des officiers allemands auraient participé en 1892 à une course de 580 km, le vainqueur réalisant le temps exceptionnel de 71 h 26 min.
Mais pousser ainsi les chevaux à leurs limites ne prouve rien, et l'idée naquit alors de combiner un long parcours sur routes et chemins avec, ensuite, une épreuve d'obstacles, pour révéler les concurrents se trouvant réellement en meilleure forme. Pour faire bonne mesure et prouver qu'un minimum d'éducation était nécessaire, et donnée, au cheval militaire, une épreuve de dressage était également prévue. C'était la naissance du championnat du cheval d'armes, créé par la cavalerie française et dont le premier concours fut organisé à Paris en 1902. Il y avait déjà quatre épreuves distinctes : le dressage d'abord (qui se déroulait dans un manège couvert), un steeple comme celui des courses et d'ailleurs couru à Vincennes, le parcours « routier » hérité des rencontres précédentes de cavalerie et qui se composait de 50 km dans la campagne environnante, enfin une épreuve de concours hippique qui, comme ses homologues de saut d'obstacles « pur », eut lieu au Grand Palais. Le succès considérable remporté par cette compétition l'amena à se renouveler tous les ans.

Les militaires français furent bientôt imités par les Suédois dont l'école de cavalerie de Stronsholm allait organiser sa première épreuve, sur trois jours, en 1907 ; puis par les Belges (en 1910), les Hollandais, les Suisses (1921) et enfin les Américains. En 1924, à Paris, après deux victoires consécutives d'un Suédois aux jeux Olympiques (1912 et 1920), c'est un lieutenant hollandais qui remporte le *military*, traduction tout à fait libre de la dénomination française, mais adoptée par tous les pays. Jusqu'à la Seconde Guerre mondiale, seuls les officiers de cavalerie pratiquèrent ce sport, censé mettre en valeur les qualités idéales du cheval d'armée : courage et calme, bon dressage de base (pour l'obéissance), agilité, vivacité, endurance, coup de saut, faculté de récupération prouvée par la possibilité de concourir plusieurs jours de suite. Après 1945, les Anglais — qui, jusque-là, n'avaient pas brillé dans cette discipline — allaient dominer les épreuves, avec des cavaliers militaires et civils, ceux-ci devenant bien vite les plus nombreux. Leur élevage équin préservé de la guerre et surtout leur grande tradition de chasse leur donnèrent une supériorité qui, pendant longtemps, ne fut contrecarrée que par les Suédois, et plus récemment par les Américains et... les Irlandais.

Le déroulement d'un « complet »

Aujourd'hui, le concours complet correspond à la succession sur un ou plusieurs jours, selon sa difficulté, de trois épreuves générales : dressage, « extérieur » et concours hippique. Chaque étape est évidemment plus ou moins dure selon la « série » du concours ; celle-ci va de l'« initiation » du cavalier (I. 1) ou du cheval (I. 2), à la « formation » (complication croissante de la F. 1 à la F. 3), pour être dénommée « C.C. 1 » et « C.C. 2 » (initiales de concours complet) lors des plus importantes épreuves nationales, comprenant plusieurs « phases » dans le parcours en extérieur ; enfin, « C.C.I. » et « C.C.I.O. » sont les concours complets « internationaux » et « internationaux officiels » (un seul de ces derniers est organisé par pays chaque année).
Les « I. 1 » et « I. 2 » se déroulent généralement dans la journée ; c'est le dressage qui constitue l'ouverture, suivi de l'épreuve hippique ; seuls les concurrents ayant franchi ces deux étapes sont autorisés à partir sur le *cross* : ainsi, les risques d'accidents sont-ils diminués dans ces épreuves où tout cavalier et tout cheval peuvent prendre le départ. En effet, la « I. 1 » permet aux novices de débuter officiellement, généralement avec des chevaux qui, eux, ont un peu d'expérience. Au contraire, la « I. 2 » est ouverte aux jeunes chevaux pour leur apprendre le « métier », le plus souvent sous la selle de cavaliers confirmés. Mais les problèmes qui se posent sont assez délicats pour que le débutant (homme ou cheval) mette son partenaire, même qualifié, dans des situations périlleuses. L'élimination, par exemple, après trois refus en saut d'obstacles évite ainsi que la même chose ne

Ci-contre et pages suivantes : l'entrée dans un gué (ici à Luhmuhlen, au championnat du monde 1982), peut être compliquée par un obstacle au-dessus du contre-bas.

DIA
69

18

Pages précédentes : si les incidents sont fréquents, ils sont heureusement souvent sans gravité.
Ci-contre : à cheval confiant, pas d'obstacle impressionnant.

se reproduise sur le cross — avec peut-être là une chute en plus. Quant au couple qui a disputé avec succès plusieurs « initiations », il s'inscrit ensuite en « formation » 1, 2, puis 3. Cette dernière est déjà très difficile puisqu'elle correspond à l'ancienne « cinquième série », niveau de compétition dont les résultats comptent pour les championnats de France. Le parcours de cross est impressionnant, mais n'est encore constitué que d'une seule épreuve ; il faut attendre « C.C. 1 » et « C.C. 2 », pour trouver, comme dans les « C.C.I. », l'extérieur en quatre phases. Ces concours complets se déroulent sur trois jours, avec le dressage le premier, et le concours hippique en dernier. Le deuxième jour est réservé aux prestations d'extérieur : un parcours routier, un steeple, un second parcours routier et enfin le cross. Le lendemain, le saut d'obstacles est là pour juger de la faculté de récupération de la monture. On comprend que des contrôles vétérinaires aient lieu régulièrement, afin d'arrêter un cheval éventuellement blessé ou épuisé. Et on voit aussi pourquoi un cheval est rarement engagé dans plus de deux de ces épreuves par an.

Les bases de dressage

Il est bien entendu que le jury n'attend pas des concurrents une prestation de haute école. Mais la reprise est là pour que le cavalier présente un niveau de maîtrise suffisant, en rapport avec les difficultés qu'il va aborder ensuite, et pour que le cheval montre de l'obéissance, de la souplesse, de l'allant, bref... qu'il soit « aux ordres ». La notation tiendra compte de la bonne exécution des figures demandées, mais aussi de la facilité avec laquelle la monture le fait et de la « discrétion » du cavalier dans ses demandes.

C'est sans doute l'importance attachée à ce travail, plus qu'au « brillant » ou à l'esthétique du cheval, qui fait la différence entre les concours de dressage pur et l'épreuve intégrée « au complet ». De plus, les mouvements demandés sont plus simples, correspondant à un niveau d'apprentissage de base et non à de la « haute école ».
Ainsi, pour les I. 1 et I. 2, il est surtout demandé des « transitions », c'est-à-dire des changements d'allure, comme l'arrêt et le départ au galop. L'attitude et la soumission de la monture doivent être correctes aux trois allures et dans les figures simples (cercles, doublers, etc.). Dans les séries suivantes sont introduits des mouvements plus délicats, mais toujours avec comme but principal de juger l'obéissance du cheval.
Ce n'est qu'au niveau international qu'apparaissent des appuyers (déplacement latéral du cheval avec croisement des membres), et encore sommes-nous loin des exigences d'une reprise nationale de haut niveau. Mais il n'est nullement besoin de galoper avec changement de pied au temps pour faire la preuve de la mise en ordre du cheval : et là est le seul but du passage sur le « carré » (en fait une carrière rectangulaire de 20 m × 60 m) des chevaux qui devront fournir plus tard leurs plus gros efforts sur le cross. Après une notation de chaque figure s'ajoute d'ailleurs une note pour la régularité des allures, le calme, la soumission du cheval ; la position et la discrétion des aides du cavalier sont également jugées : il faut un minimum de connaissances sur le plat avant de s'élancer en extérieur.

L'épreuve de fond

Le *cross,* appelé aussi « fond » par référence aux conditions d'endurance nécessaires pour arriver à son terme, et peut-être aussi en souvenir des rencontres de marathon qui furent les ancêtres du « complet » au début du siècle, constitue l'étape « reine » de cette compétition. En dehors de l'attrait (un peu morbide) que peut inspirer à certains le danger représenté par le saut d'obstacles fixes, il faut reconnaître l'aspect spectaculaire de cette épreuve. Là, adresse et courage sont nécessaires au couple pour franchir des difficultés impressionnantes — démesurées pour l'homme à pied. Dès les petites séries, I. 1 et I. 2, il faut parcourir 2000 à 2200 m, émaillés de 12 à 14 obstacles. Quelques-uns de ceux-ci sont d'ailleurs des « combinaisons », qui nécessitent plusieurs sauts, et en tout, le cheval peut avoir à fournir jusqu'à 18 « efforts ». Si la hauteur n'est pas considérable en elle-même (elle ne dépasse pas 1 m), elle est compliquée par le caractère totalement fixe et solide des obstacles. Il y a aussi des contre-hauts et des contre-bas (1,20 m au maximum) ainsi que des fossés (2,50 m de large au plus), éventuellement un gué, donc un éventail assez large de tout ce qu'il serait possible de trouver dans une nature... très arrangée.
En formation, la distance augmente de 2400 m (en F. 1) jusqu'à 5000 m (F. 3) et le nombre d'obstacles varie entre 16 et 20 pour la première, 20 et 26 pour la seconde. Les hauteurs augmentent également, pouvant atteindre 1,20 m en F. 3. Les largeurs, qui étaient de 1,20 m en initiation, passent successivement à 1,40 m et 1,60 m.
En série C.C., l'épreuve de fond semble vraiment atteindre les limites des possibilités du cheval. Voici en effet comment se succèdent les différents parcours, sous l'œil d'un public toujours impressionné.
La première phase est constituée du « routier », qui représente 4 à 6 km de chemins et de sentiers à parcourir à la moyenne de 240 m/min, soit l'allure réglementaire du trot militaire. C'est en quelque sorte un échauffement obligatoire, une « mise en jambe » pour le cheval et une concentration morale pour le cavalier, qui doit veiller à n'aller ni trop vite ni trop lentement : s'il perd un point par seconde excédentaire au temps limite, il ne gagne absolument rien à arriver en avance — si ce n'est de la fatigue pour sa monture. Ce trajet l'a conduit sur l'emplacement du steeple où il va devoir, à la suite, effectuer un tour de 3000 m à 4000 m, sur 9 à 12 obstacles classiques : rivière, oxer, *open-ditch* (butte avec haie), haie. Les barres fixes sont à 1 m de haut au maximum, et les haies (qui peuvent être « broussées », c'est-à-dire traversées dans leur partie supérieure) mesurent 1,40 m. Les largeurs, en revanche, peuvent atteindre 4 m (pour la rivière par exemple). Chaque faute (refus, dérobade, chute) apporte des points de pénalité ainsi qu'un dépassement du temps imposé. Celui-ci est calculé sur la vitesse de 750 m/min, soit celle d'un galop très soutenu qui accroît la difficulté de cette phase.
À la suite doit s'enchaîner le second routier, de 6 à 12 km (au maximum), dans les mêmes conditions que le premier. C'est à son issue que se déroule l'examen vétérinaire durant les dix minutes de repos accordées avant le départ du cross en lui-même. Le contrôle est sévère, éliminant de la compétition les concurrents qui paraissent raides, boiteux, très fatigués, ou même qui semblent mal récupérer de leurs efforts précédents. En effet, les efforts qui les attendent sont importants et donc les risques multipliés en cas de mauvais état physique.
Ainsi, seuls les concurrents autorisés partent sur les 6000 ou 7000 m de cross-country. Si la vitesse imposée est moins rapide que pour le steeple (570 m/min, soit un bon galop, mais permettant parfois un retour au trot, en montée par exemple), en revanche, la trentaine d'obstacles — les obstacles nécessitant plusieurs sauts, les combinaisons, peuvent demander jusqu'à 36 efforts au cheval — rend ce parcours très difficile. Comme pour toutes les autres séries, chaque faute entraîne pénalisation : 20 points par première désobéissance sur un obstacle, 40 pour la deuxième sur le même obstacle, 60 points pour une chute dans la zone de pénalité (délimitée 20 m devant et derrière chaque obstacle

et 10 m sur les côtés) ; une troisième désobéissance à un même obstacle, une troisième chute, une erreur de parcours sont éliminatoires. Il y a aussi des pénalités pour dépassement du temps limite : si un tiers des concurrents réalise un « sans faute » aux obstacles, le plus souvent trois ou quatre seulement sont « dans le temps » — et un tiers est généralement éliminé ou abandonne.

Le saut d'obstacles

L'épreuve d'obstacles, après cette description du cross, peut paraître d'une facilité dérisoire. Ce n'est pas tout à fait exact. Dans les petites séries, où elle précède l'extérieur, elle élimine parfois un cinquième des concurrents — qui, sans doute, n'auraient pas terminé sur les obstacles fixes, mais qui ainsi n'en ont pas couru le risque. Quant aux grandes épreuves, l'hippique permet de juger de l'état de fraîcheur récupéré par le cheval depuis ses épreuves de la veille ; et même si les obstacles ne sont pas très gros, par rapport à un parcours classique, ils entraînent souvent des scores élevés. À raison de 10 points par faute (puisque les barres sont mobiles, contrairement au cross), le total des journées précédentes est vite augmenté. Et lorsque les écarts entre concurrents sont minimes, une faute peut faire basculer le classement ; le suspense est ainsi maintenu jusqu'au bout ; il est même parfois disproportionné à la difficulté de cette dernière manche, qui dépend souvent plus des nerfs du cavalier que des capacités du cheval. Mais le sang-froid, n'est-ce pas aussi l'une des grandes qualités exigées en concours complet ?

L'entraînement

Si cette discipline a eu mauvaise réputation durant quelques années, c'est à la suite d'accidents survenus en compétition. Et pourtant, ceux-ci ne sont pas sensiblement plus nombreux qu'ailleurs. Le risque est évidemment plus grand, mais il doit, en conséquence, entraîner une meilleure préparation. C'est pour l'avoir oublié que certains novices ont subi de cruelles déceptions. Heureusement, le règlement, en limitant l'accès aux séries supérieures par la réussite préalable dans les épreuves d'initiation, et en conditionnant le départ sur le cross aux résultats de l'épreuve d'hippique, empêche que trop de cavaliers inconscients entraînent leurs chevaux dans une aventure au-dessus de leur capacité.
Quelles sont donc les bases indispensables pour terminer correctement un concours complet ? Il faut d'abord avoir su donner à sa monture un minimum de dressage — et l'épreuve spécifique sur le plat est là pour en juger : une note trop mauvaise est également éliminatoire, avec juste raison. Obéissant, « en avant », le cheval doit apparaître « aux ordres ».
Ensuite, c'est tout un entraînement sportif qui doit former les muscles, le souffle, les réflexes. Aussi, il ne faut pas hésiter à sortir en extérieur par tout temps, en terrain varié. De grands temps de trot, pour le souffle, des montées et des descentes au pas, pour les muscles du dos et des épaules, du galop en tout terrain, pour l'équilibre, voilà les données de base. Mais chaque cheval a des besoins spécifiques et devra être travaillé davantage sur tel point faible chez lui que sur tel autre. L'endurance est peut-être l'aptitude la plus délicate à développer. Pour être sûr de pouvoir galoper en compétition durant 2 400 m, le mieux est évidemment de le faire à l'entraînement, sur un plus long parcours. Cela se travaille à galop réduit, en veillant au souffle et à la transpiration du cheval ; dès qu'il est en sueur ou qu'il respire un peu moins bien, il faut repasser au pas, le laisser se reprendre, puis repartir : de cette surveillance parfaite découle un entraînement constructif.

Grâce à cette « écoute » du cheval, le cavalier doit aussi prendre le rythme, le « sens du train » : pouvoir dire à quelle vitesse il galope, tout en sentant si son cheval est en dessous ou au-dessus de ses moyens. Le respect du temps accordé, sur le cross, dépendra plus tard de cette juste appréciation du « chrono ». Si le fond du travail se fait au petit galop, il faut « pousser » de temps en temps le cheval. Pourtant, il faut éviter toute fatigue excessive à l'entraînement et conserver des membres sains à la monture : les compétitions sont suffisamment éprouvantes pour ne pas ajouter de dangereux excès durant la préparation.
De même, la technique du saut se travaille sur des obstacles mobiles. Dès que le cheval a montré qu'il sait passer de grosses combinaisons fixes et des barres assez hautes, il ne faut plus le « routiner » que sur des exercices faciles, avec de petits obstacles posant des problèmes de technique et non de « moyens » physiques. La musculation doit se faire sur le plat (en dressage) ou pendant les sorties de « tout terrain » ; sauter des dizaines de fois « chez soi » ne ferait qu'user prématurément les tendons ou même entraînerait peut-être (et avec raison) le dégoût du cheval ! Or, garder le moral est aussi essentiel qu'entretenir la bonne forme, car le « complet » nécessite une collaboration pleine et entière des deux éléments du couple !

Le cheval « complet »

Existe-t-il un cheval idéal pour le concours complet ? En théorie, puisque cette discipline est dite « complète », ce serait le cheval « idéal » tout court. En fait la réalité est beaucoup plus complexe. En effet, le « complet » demande des qualités qui semblent ne pas pouvoir se développer toutes en même temps : grande vitesse de galop et équilibre de « sauteur », calme docile et courage énergique, etc. C'est donc au cavalier, à partir d'une monture présentant certaines caractéristiques de base, de réussir à panacher le maximum de points forts et d'en tirer parti.
Récapitulons les « besoins » du concours complet : le cheval doit être souple et calme en dressage, agile à l'obstacle, rapide en course, obéissant, équilibré, courageux, endurant pour le fond. À cela s'ajoute une pincée d'aptitude au saut, des allures agréables pour n'être usantes ni pour lui ni pour son cavalier, enfin un soupçon d'esprit d'initiative en cas de « maladresse » humaine.
Il semble bien que tout cela puisse se développer, à force de persévérance et de savoir-faire, chez la plupart des montures. Pourtant, certaines doivent être plus aptes que d'autres à cette formation, comme les demi-sang par exemple. L'expérience prouve qu'ils réussissent mieux que les pur-sang, sans doute parce qu'ils ont plus de calme et de solidité. Cependant, il faut qu'ils soient « près du sang », de naissance ou moralement, pour avoir le perçant et l'allant indispensable. Le hunter anglais ou irlandais, avec une forte ascendance pur-sang anglais, a longtemps dominé les épreuves internationales. Il faut toutefois rappeler qu'il a aussi été sélectionné depuis des générations pour un sport comparable, la chasse. Le trakehner allemand, le demi-sang canadien et le selle français sont également des champions potentiels, ainsi que l'anglo-arabe malgré sa taille plus réduite.

Car il y a une morphologie non pas indispensable mais disons conseillée pour un cheval destiné au concours complet : de taille moyenne (autour de 1,65 m), il doit avoir une poitrine profonde (pour le souffle), une épaule inclinée (pour le saut) et une belle encolure, des membres solides, une arrière-main bien développée (pour la puissance). Il doit se rapprocher du type « chasse », c'est-à-dire que son corps et ses membres doivent pouvoir s'inscrire, en silhouette, dans un carré. Mais au physique doivent aussi s'ajouter des caractéristiques morales et surtout nerveuses : il doit être confiant et prêt à se calmer facilement. Enfin, il semble insensé de faire participer à une épreuve de cette difficulté des chevaux non encore « adultes » ; or, souvent, nos montures n'ont atteint la fin de leur croissance que vers cinq ans ; avec le temps de préparation, un cheval ne devrait donc pas participer avant six ans à un concours complet. Quant à l'âge de la retraite, il dépendra au moins autant de la qualité du plan de carrière et des précautions prises par le cavalier que de la valeur du cheval. Les règlements ne peuvent pas tout imposer, et il faut compter sur la responsabilité individuelle des concurrents pour que cette discipline retrouve une image de marque digne des efforts qu'elle requiert.

Les principaux obstacles

Sur le steeple et en hippique, les obstacles sont les mêmes que ceux qui sont habituels dans ces disciplines « pures » — un peu moins hauts seulement. Le cross est constitué, lui, d'une succession de difficultés naturelles aménagées, ou bien de constructions artificielles, mais très solides. Dans la première catégorie, on peut ranger le gué, largeur d'eau de 5 à 15 m, profonde de 30 à 80 cm, à traverser avec ou sans saut à l'entrée et à la sortie ; le « passage de route », chemin encaissé à franchir perpendiculairement, en descendant par un contre-bas et en remontant, de l'autre côté, par un contre-haut, chacun pouvant être « amélioré » d'une petite barre à sauter. Selon le même principe, c'est un fossé à bord franc qui peut constituer un obstacle, à franchir d'un bond de 3 ou 4 m, sans surélévation devant ni derrière. Citons aussi les talus, surmontés ou non d'une haie, qui peuvent faire « banquette » s'ils sont suffisamment larges (le cheval monte dessus, pui redescend) ou qui sont carrément sautés s'ils sont étroits. Enfin peut exister la combinaison de ces difficultés, exigeant un enchaînement de sauts, comme le « piano », constitué de toute une série de larges marches en dénivelée les unes par rapport aux autres.

Les constructions artificielles sont classées arbitrairement en « larges » ou en « verticaux », selon leur profil et donc la trajectoire exigée du cheval. Il y a les murs, les oxers (comme en hippique, mais dont les éléments ne peuvent tomber), ainsi que le stère de bois ou les fagots (empilement de bûches ou de branches), la table des géants (grande table fixe avec ses bancs de chaque côté), la mangeoire (souvent couverte d'un auvent sous lequel il faut passer), le toit de bergerie (abri incliné comme une barre de Spa) ; ce dernier, comme certains oxers d'ailleurs, peut être « panoramique », c'est-à-dire situé juste en haut d'une descente plus ou moins raide. Bien que les haies soient parfois épaisses, elles sont le plus souvent considérées comme « verticales ». Pour les « droits », la question ne se pose pas, qu'ils soient de rondins ou en barrières. Celles-ci peuvent, disposées en vaste carré, délimiter un espace clos dénommé « parc à moutons ». Enfin, un droit ou un large, disposé sur un trou, forme l'obstacle appelé « trakehnen ». Toutes les compositions sont possibles sur le terrain, avec l'apport technique que donnent les montées et les descentes, et ceci constitue l'originalité de chaque parcours.

Le poney en concours complet

Beaucoup de poneys sont aptes à participer aux épreuves de C.C.E.P. (concours complet d'équitation pour poneys)... destinées à leur taille. Comme pour les chevaux, la compétition comprend un ensemble de trois disciplines : dressage, cross et parcours d'obstacles. La reprise est plus ou moins difficile selon la « série » du complet, comme le cross et l'hippique ; ces derniers sont, de plus, différents selon la catégorie du poney, A, B, C ou D. La première série est réservée aux couples qui n'ont pas été classés dans l'année ; la seconde permet de concourir aux cavaliers et poneys ayant eu un classement en 1re série.
Peuvent s'inscrire au championnat de France ceux qui ont été classés dans un concours complet poney de 2e série dans l'année. Le cross est, comme l'extérieur pour les chevaux, monté dans la campagne avec murs, gués, barrières, troncs d'arbre, buttes et trous, bref tous les obstacles naturels déjà cités — mais proportionnés aux concurrents. Il y a bien évidemment un temps limite pour les franchir — ce qui rend l'épreuve encore plus passionnante. Mais pour cela, il faut une monture franche, avec beaucoup de « cœur ». Elle doit posséder un bon coup de saut, et surtout être soigneusement entraînée — tout comme, d'ailleurs, le cavalier. Il est nécessaire que le « couple » sorte régulièrement, fasse de longs exercices en « tout terrain » pour développer souffle et muscles, et apprenne à franchir tous les types d'obstacles qui peuvent être proposés en épreuve.
Le choix d'un poney est évidemment délicat. Il ne doit pas être trop petit, et surtout avoir une bonne conformation générale, solide sans être trop gras. Le caractère est d'une grande importance et doit à la fois présenter docilité et courage. Le shetland, en catégorie A, est tout à fait capable de concourir à son niveau, et dans les autres catégories, les races favorites sont les mêmes que pour le saut d'obstacles. Un point est à examiner tout particulièrement, le pied : les aplombs doivent être corrects, et comme le poney est rarement ferré, le sabot doit être parfait, dur sans être serré au talon, avec une fourchette saine. Le cross est en effet plein de pièges (silex, racines, trous) qui peuvent amener une monture fragile à se blesser. Alors, regardez spécialement cette région du corps et soignez-la régulièrement lors du pansage de votre poney.

Champions olympiques

JEUX OLYMPIQUES	INDIVIDUEL	PAR ÉQUIPE
Stockholm, **1912**	Lt Nordlander (Suède)	Suède
Anvers, **1920**	Lt Mörner (Suède)	Suède
Paris, **1924**	Lt Vourt Van Zijp (Hollande)	Hollande
Amsterdam, **1928**	Lt de Mortanges (Hollande)	Hollande
Los Angeles, **1932**	Lt de Mortanges (Hollande)	États-Unis
Berlin, **1936**	Cap. Stubbendorff (Allemagne)	Allemagne
Londres, **1948**	Cap. Chevallier (France)	États-Unis
Helsinki, **1952**	H. Blixen Finecke (Suède)	Suède
Stockholm, **1956**	P. Kastenmann (Suède)	Grande-Bretagne
Rome, **1960**	L. Morgan (Australie)	Australie
Tōkyō, **1964**	M. Checcoli (Italie)	Italie
Mexico, **1968**	Adj.-Chef Guyon (France)	Grande-Bretagne
Munich, **1972**	R. Meade (Grande-Bretagne)	Grande-Bretagne
Montréal, **1976**	E. Coffin (États-Unis)	États-Unis
Moscou, **1980**	F. Roman (Italie)	U. R. S. S.
Jeux de remplacement, Fontainebleau, **1980**	N. Haagensen (Danemark)	France
Los Angeles, **1984**	Marc Todd (Nzl.)	États-Unis
Séoul, **1988**	Marc Todd (Nzl.)	Allemagne
Barcelone, **1992**	M. Ryan (Australie)	Australie

Championnats du monde

	INDIVIDUEL		PAR ÉQUIPE
Luhmuhlen, **1982**	Lucinda Green	(Grande-Bretagne)	Grande-Bretagne
Gawler, **1986**	Virginia Leng	(Grande-Bretagne)	Grande-Bretagne
Stockholm, **1990**	B. Tait	(Nzl.)	Nzl.

Pages suivantes : le concours complet à poney, c'est la griserie de la vitesse, l'imprévu des chutes (en douceur !), le courage et la volonté des jeunes cavaliers.

Perrier
55
Perrier
53
Perrier
16
17

L'attelage

La traction a-t-elle, ou non, précédé la monte à califourchon? La question restera sans doute éternellement en suspens, puisque les seuls documents illustrant l'une comme l'autre datent d'époques bien postérieures à leur apparition théorique. Il semble toutefois logique de penser que le « guidage », utilisation d'une technicité très sommaire, qui consiste à marcher au côté de l'animal portant ou tirant une charge, en le tenant en main, est apparu avant tout rudiment d'équitation, juste après la domestication. Il fut d'ailleurs sans nul doute employé avec différentes espèces, selon les latitudes : rennes, bœufs, chevaux, et même chiens (l'exemple le plus récent étant celui des tribus d'Amérique du Nord et du Canada).
Mais peut-on parler d'attelage? Celui-ci sous-entend en effet construction d'un véhicule, et non plus constitution d'un simple travois, formé de deux perches entrecroisées sur l'encolure et traînant au sol par-derrière. Ce véhicule fut peut-être un traîneau — mais nous ne disposons d'aucune représentation originaire des pays froids, où ce mode de locomotion a dû se développer. Nous ne pouvons donc faire remonter la naissance de l'« attelage » en tant que tel qu'à l'invention de la roue. Là encore, les dates sont imprécises; mais les savants s'accordent à penser que cette révolution technologique s'est effectuée aux alentours de 4000 ans avant J.-C. — donc un peu avant les premiers « pas » connus de l'équitation.

Des chars égyptiens aux diligences

L'une des plus grandes découvertes archéologiques du XXe siècle a été celle du tombeau de Toutankhamon. Les multiples objets retrouvés dans cette tombe, l'une des rares parvenues jusqu'à nous intactes, nous ont renseignés sur le mode de vie des Égyptiens de la XVIIIe dynastie (1400 av. J.-C.). Il y avait entre autres plusieurs chars entièrement équipés, tout à fait semblables à ceux représentés sur les bas-reliefs, et qui permirent donc des études très exactes sur les modes de traction primitifs. Il s'avère que, contrairement aux idées admises depuis le siècle dernier, les chevaux n'étaient absolument pas « étranglés » par leur harnachement, et que la limitation de poids qui était apparue aux historiens, à la lecture des textes anciens, découlait en fait du faible poids des chevaux eux-mêmes — de petite taille —, de la fragilité des essieux et de la difficulté de tirer une charge... dans le sable.
En dehors de ces restrictions, la méthode égyptienne d'attelage, par traction et support du poids au niveau de la base de l'encolure des chevaux, permettait à ces véhicules légers d'atteindre 25 à 30 km/h et d'être très maniables. La force était developpée au niveau des épaules, par l'intermédiaire d'un « joug d'encolure » maintenu devant le poitrail et sous la poitrine par deux sangles, et non pas au « cou », comme il est encore indiqué dans de nombreux ouvrages. Attelé de deux chevaux, ce char pouvait porter deux hommes, charge réduite, mais tout à fait suffisante pour son utilisation d'alors, la chasse et la guerre. Rapide, souple d'emploi, il était monté par un conducteur et un archer.

Les chars assyriens et perses (VIIIe et VIe s. av. J.-C.) sont du même type, avec les essieux très en arrière, donc déséquilibrés vers l'avant et supportés par les « jougs d'encolure » des deux chevaux. En revanche, l'attelage grec (dès le VIe s. av. J.-C.) introduit un nouveau mode de traction, par le poitrail : le véhicule est équilibré cette fois-ci, avec l'essieu au milieu de la caisse. Le conducteur, placé en arrière, fait donc se relever le timon (la pièce centrale de chaque côté de laquelle sont attachés les chevaux) ; le joug, qui est placé sur le dos des chevaux (et non plus à la base de l'encolure), serait donc soulevé s'il n'était pas sanglé : les chevaux ne « portent » plus le poids, comme ils le faisaient précédemment. La force de traction s'exerce par l'intermédiaire d'une « bricole », pièce de cuir passant devant le poitrail et reliée au timon.
La charge maximale d'un tel véhicule est toujours limitée à la masse des chevaux et à la solidité des essieux. Pourtant, elle peut dépasser le poids utile emporté par les Égyptiens ou les Assyriens, puisque, ne s'appuyant plus sur le cheval, le timon ne risque plus de le blesser à la longue, comme cela pouvait être le cas avant. C'est ce type de harnachement qu'utilisaient aussi les Chinois (200 ans av. J.-C.). Mais un autre système apparaît à cette époque, représenté par les peintures rupestres du Sahara : la traction frontale. Le timon est relié au licol par une barre transversale, *sous* la tête du cheval, sans appuyer sur la gorge. Un tel procédé pèse évidemment très lourd à l'encolure et ne peut être appliqué que pour une plate-forme très légère, montée par un homme seul.

Il faut attendre les IVe et Ve siècles après J.-C., pour voir représenté un nouveau stade de l'évolution de l'attelage : les harnais à traits. Ceux-ci sont des lanières souples, reliées directement au véhicule, le timon ou les brancards (qui encadrent un cheval seul) devenant alors éléments de direction (reliés à un essieu avant mobile), et non plus de traction. La charge portée par ces chariots peut augmenter considérablement, et cela constitua un facteur sans doute déterminant dans les invasions « barbares » de l'époque, par la facilité avec laquelle l'intendance put enfin suivre la cavalerie. Les diligences du XIXe siècle et les « wagons » du Far West sont les descendants directs de ces véhicules, et pendant près de mille cinq cents ans les mêmes techniques seront appliquées — avec seulement un élevage de chevaux plus spécialisés, et leur nombre augmenté pour les convois les plus lourds. Sur les routes circulèrent des attelages à quatre, à six, même à huit chevaux, par exemple avec les « postiers » de renfort stationnés en bas des côtes les plus rudes, sur les voies très fréquentées.

De l'utilité au loisir

La motorisation, avec l'avènement de l'automobile, a failli effacer plusieurs millénaires de technique. En vingt ans, l'attelage a quasiment disparu de notre économie, de notre vie, de notre culture. Les conducteurs, les bourreliers, les carrossiers, les maréchaux-ferrants aussi, ont pratiquement perdu leur raison d'être. Le savoir laborieusement acquis aurait pu s'envoler en fumée si quelques particuliers et même une grande institution, les Haras nationaux, ne s'étaient attachés à préserver la tradition. Pour sauvegarder les races

Ci-contre : les voitures sont les mêmes en compétition de nos jours qu'elles étaient dans les rues au début du siècle. Pages suivantes : les Haras nationaux ont contribué à la sauvegarde de l'attelage français.

Les Hongrois, chez qui la pratique de l'attelage est restée traditionnelle (comme le prouve cette belle présentation), dominent souvent les grandes rencontres internationales.

équines directement menacées, c'est-à-dire les chevaux de trait, le service des Haras conserva dans ses établissements des reproducteurs — et des voitures, qui permirent d'entretenir à la fois la forme des attelages, et la connaissance théorique et pratique du menage. Considéré durant de nombreuses années comme du « folklore », cet « art sportif » est enfin ressorti de l'oubli, en grande partie grâce à la compétition.
L'attelage revécut une nouvelle jeunesse lorsque son aspect sportif fut remis en valeur par quelques passionnés, bientôt suivis par des esthètes et beaucoup de jeunes, ces derniers s'adonnant à cette discipline par l'intermédiaire du poney. Il fit l'objet de règlements, car en compétition les risques sont loin d'être nuls, et sous l'impulsion du prince Philip, président de la Fédération équestre internationale, mais aussi président de la commission d'attelage (et grand meneur lui-même), les épreuves officielles se sont multipliées. Le menage fait désormais l'objet de plusieurs brevets, nécessaires pour participer à la compétition au niveau national et international, et les voitures comme le harnachement sont codifiés. Que ce soit à un, deux ou quatre chevaux, trois épreuves sont organisées — dressage, marathon, parcours d'obstacles —, durant lesquelles l'intervention du ou des grooms, les auxiliaires montés à bord du véhicule, ne peut avoir lieu que selon des règles bien précises, sous peine de pénalisations.

La compétition

Elle débute avec la présentation, première « partie » de l'épreuve de dressage ; en effet, la qualité et le pansage des chevaux, la beauté, la propreté de la voiture et des harnais, enfin l'effet général produit par cet ensemble avec le meneur et les grooms, sont jugés par le jury autour de l'attelage au repos, avant la reprise, dans la carrière. Celle-ci fait 100 m × 40 m, et voit ensuite évoluer l'équipage selon les figures imposées au programme, destinées à prouver l'impulsion des chevaux et leur régularité d'allures, et l'art du meneur.
Le marathon consiste en un parcours de 20 à 30 km, selon le concours. Cette distance est divisée en cinq étapes, à parcourir soit au trot (pour la première, de 8 à 12 km, la troisième et la cinquième, de 6 à 10 km), soit au pas (pour la deuxième et la quatrième, 800 à 1 200 m). Il y a un temps imposé, correspondant à des vitesses moyennes de 7 km/h pour le pas, et 15 à 18 km/h pour le trot selon le terrain. Les sections de trot comportent obstacles, gués, rampes, virages, zigzags ; elles débutent voiture arrêtée et se font avec un juge aux côtés du meneur, qui note et comptabilise les erreurs. Les grooms ne peuvent pas mettre pied à terre au pas, et n'interviennent qu'au moment des sections de trot pour aider. Comme en épreuves d'équitation, les obstacles et les passages obligatoires doivent être franchis dans le bon sens, indiqué par des fanions rouges à droite et blancs à gauche.
Le parcours de maniabilité, dernière épreuve, se court dans une grande carrière de 120 m × 70 m, sur laquelle est disposé un parcours très sinueux matérialisé par des bornes espacées de seulement 30 à 60 cm de plus que la largeur des essieux (la « voie »), et surmontées de balles en caoutchouc qui tombent et symbolisent la faute lorsque la roue les touche. Il peut avoir des murs et des gués, afin de « corser » le tracé, mais aucun virage ne doit imposer un reculer à l'équipage. Des points pénalisent les fautes et/ou le temps dépassé selon le barème choisi, ainsi que les fautes du meneur ou des grooms.
L'intervention de ces derniers, comme leur présence d'ailleurs, est tout à fait réglementée : ainsi, un attelage à un n'en possède aucun, un attelage à deux doit avoir un groom, et un attelage à quatre, deux grooms. Ils peuvent aider celui qui conduit (le meneur) durant certaines phases du parcours, en descendant alors de voiture. Ils ne sont pas tenus à des « brevets d'attelage » pour être en compétition officielle, contrairement au meneur lui-même, mais comme lui doivent être assurés. Les diplômes officiels sont les brevets de premier degré (aptitude à mener des attelages de un ou deux chevaux), ouvert dès quatorze ans ; de deuxième degré (pour sortir ces attelages en compétition), qui se passe au moins six mois après ; de troisième degré (aptitude à mener des attelages de quatre chevaux), ouvert à seize ans ; et de quatrième degré (pour la sortie des attelages à quatre en compétition). Pour être maître d'attelage, il faut passer un diplôme en ayant le quatrième degré et au moins dix-huit ans.
Ces brevets ne sont pas seulement la sanction d'une bonne conduite d'attelage : le meneur doit aussi tout connaître des harnais, leur réglage et leur pose (garnir et atteler), leur dételage et leur démontage (dégarnir). L'ajustage, surtout, est essentiel, à quatre chevaux mais aussi à un seul. Il ne s'agit pas, ici, d'un cavalier qui a entre ses jambes une monture, qu'il sent et avec laquelle il a un contact poussé : le meneur n'a que ses guides (ses rênes), sa voix et le claquement de son fouet pour discipliner l'attelage ; il est donc totalement à la merci d'un incident de harnachement, et doit tout placer et vérifier lui-même.

Les harnais

Ils peuvent être répartis, selon leur fonction, en trois séries : ceux de conduite, ceux de traction et ceux de freinage. Les premiers sont formés d'une bride, comme en équitation, sur laquelle sont fixées les « guides » (et non les « rênes ») ; celles-ci peuvent être réglées en taille à l'aide de boucles, et passent dans des « clés » (des anneaux) situées sur le harnachement du ou des chevaux afin de rester en place et de ne pas tomber à terre, même à l'arrêt. En cas d'attelage à plusieurs, le meneur ne peut pas avoir deux guides par cheval, et n'en tient donc qu'une de chaque côté, les guides extérieures, auxquelles s'attachent, en se croisant, les guides intérieures : ainsi, de la main droite il agit sur toutes les guides droites, et de même pour la gauche.
Les harnais de traction permettent au cheval d'appliquer sa force au déplacement du véhicule. Les systèmes adoptés généralement aujourd'hui sont la bricole (harnais léger passant sur le poitrail) ou le collier d'épaule (pour les attelages plus lourds). Ils varient un peu selon que le cheval (ou les chevaux) est (sont) dans les brancards (ou de chaque côté du timon — les chevaux sont dits alors « timoniers ») ou devant (chevaux « de volée »). Car les brancards et le timon doivent être un peu « portés », en plus de la traction, et cela par l'intermédiaire d'une sellette placée sur le dos, derrière le garrot.
Le freinage, en dehors du système mécanique propre à la voiture, désigne les pièces du harnais (avaloire ou reculement) qui permettent, lors de la décélération, de faire amortir une partie de l'inertie par les chevaux, et surtout d'éviter que ceux-ci ne soient blessés par l'attelage les rattrapant. Les guides et le frein sont tout ce dont dispose « matériellement » le meneur pour intervenir sur l'équipage. Les seules autres aides sont la voix et le claquement du fouet ; toutefois, un ou des grooms peuvent être là en cas d'incident. Les guides sont tenues dans la main gauche, la droite tenant le manche du fouet et allongeant ou raccourcissant certaines guides afin qu'elles soient tendues correctement. Les changements de direction se demandent par relâchement extérieur, et non par traction sur la guide intérieure. À quatre, l'attelage doit évidemment « s'enrouler » autour du virage, et non se plier, ce qui exige une légère anticipation du mouvement de la part des chevaux de volée ; auparavant, il a fallu ralentir, afin de modifier l'effort de traction, pour qu'il passe d'une direction longitudinale à une direction légèrement latérale.

Les voitures

Depuis que l'utilité n'est plus, l'esthétique des voitures de présentation n'a plus évolué : les véhicules de concours sont donc des copies — ou d'époque — fin XIXe s. La technologie a toutefois introduit dans les voitures neuves du plastique, des caoutchoucs synthétiques, des freins modernes. Ceux-ci (la « mécanique ») sont à main, et si les bandages de roues et les pneus pleins sont admis, les pneumatiques sont interdits. La largeur des empreintes de roues ne dépasse pas 1,60 m. Il n'y a de condition de poids que pour l'attelage à quatre, où la voiture à vide, mais avec palonniers et équipements, doit peser 600 kg au minimum.
Mais une nouvelle voie s'ouvre à l'attelage, depuis quelques années, celle du loisir. Avec les poneys, mais aussi avec les voyages en voiture hippomobile, l'esprit de la discipline et les véhicules eux-mêmes sont en train d'évoluer à nouveau. Ainsi se retrouvent des roulottes, aménagées pour plusieurs personnes, et destinées aux randonnées paisibles ; il y a aussi l'apparition du sulky « tout terrain », pour chevaux ou poneys, avec amortisseurs, pneumatiques, arceau de sécurité. Pour les vacances, voilà donc de nouveaux horizons qui s'ouvrent à l'attelage.

La roulotte des vacances

Les rois fainéants, comme les pionniers de l'Ouest, avaient porté à son plus haut point la bivalence du chariot : véhicule le jour, maison la nuit. Dans certains cas, le véhicule a même pu être l'unique foyer, comme chez les Tsiganes. Aujourd'hui, le camping-car reprend cette aspiration à la liberté, au déménagement quotidien ; mais il ne permet que peu d'incursions dans la campagne sauvage, celle des chemins de terre et des sentiers en sous-bois. La roulotte, elle, y trouve son domaine. Et puis si le voyage automobile apporte le confort, il contraint malgré tout à une certaine vitesse — et la seule découverte reste celle du lieu où l'on s'arrête. Au pas d'un cheval, au contraire, tout le trajet est une excursion.

Initiation par le loisir

En Allemagne, en Irlande, en France s'organisent depuis quelques années des « circuits », mettant à la disposition de chacun l'attelage au complet, avec le cheval lourd. Avec ou sans étapes fixes, les trajets possibles sont imaginés pour la sécurité du cheval (confié souvent à des néophytes) et le plaisir du vacancier. Les formules varient quant au confort du véhicule, allant de la somptueuse « caravane attelée » au voyage collectif à bord d'un chariot bâché, type « western ». La plus prisée est toutefois intermédiaire, avec l'utilisation des traditionnelles « Pont-du-Château », construites jusqu'en 1925 près de Clermont-Ferrand, toutes en bois plus ou moins sculpté et décoré. L'équipement classique est pour quatre personnes, dans une pièce de séjour avec penderie, buffet, lits en alcôves et coffre. L'eau courante et l'électricité sont absentes — gain de place de l'évier et gain de poids des batteries ! Mais c'est peut-être ce retour à un mode de vie rustique qui séduit justement les amateurs. Toutefois, il existe des circuits à voitures plus récentes, avec roues pneumatiques, coin-cuisine et aménagement « deux-pièces ». La possibilité de diriger l'attelage assis, à l'abri, est également prévue, et le confort gagne là où le charme et le « cachet » diminuent. À l'inverse, les adeptes du camping peuvent, avec le chariot « western » (le « conestoga »), disposer d'un moyen de transport très agréable et de toute la place pour entreposer vivres, duvets, tentes, vélos, etc. Loué vide, ou avec matériel de couchage, un tel attelage peut servir d'« intendance » à un groupe de douze personnes — et, éventuellement, en abriter une partie la nuit en cas de paresse à monter la tente !
Avant le départ, le loueur indique très soigneusement la manière d'atteler le cheval, de le conduire, de le soigner (nourriture comprise). Il forme ou accompagne généralement ses clients le premier jour, pour vérifier la bonne compréhension de ses conseils et l'état de fonctionnement de l'attelage. Il montre par la même occasion que le pas est la seule allure agréable pour ce type de déplacement, et que marcher à côté du cheval en le tenant en main est le meilleur moyen de profiter des détours du chemin ou de la route forestière.
Quel que soit le type du véhicule, il est attelé d'un seul cheval (simplification oblige), un postier breton par exemple, en France. Celui-ci est toujours docile, résistant, avec un caractère éveillé mais doux. En chemin, il sera calme malgré les coups de klaxon et les aboiements ou poursuites des chiens ; lors des haltes, il broutera sagement ou profitera de la musette remplie par son soigneur temporaire, sans tenter de briser son attache pour rentrer à l'écurie.
Avoine et nourriture composée sont fournies au départ, pour la durée du voyage ; mais il faut le laisser brouter quelques heures par jour, ce qui se fait de soi-même avec les arrêts touristiques et les repas ; il faut surtout penser à l'abreuver régulièrement et à l'attacher le soir dans un endroit herbeux. Le maître du centre aura d'ailleurs précisé tous ces impératifs (60 à 80 l d'eau par jour, ration d'avoine, etc.), comme l'installation et l'entretien courant des harnais, avant le départ.

Au rythme des sabots

En fait, la grande découverte de ce type de voyage, c'est le rythme, imposé par le cheval lui-même : quinze kilomètres par jour en pays plat, dix au plus en région vallonnée, voilà qui est anachronique — et reposant — pour un citadin. De plus, le cheval circule difficilement la nuit (même par clair de lune), et la roulotte n'est pas équipée pour cela. Il ne faut d'ailleurs pas oublier que le Code de la route est toujours applicable. Pour le premier voyage, un néophyte a tout intérêt à choisir l'un des trajets programmés, qui fait découvrir petites routes et sous-bois, églises et châteaux, loin des grands axes et avec un « point de chute » prévu ; les habitants participent souvent eux-mêmes à l'établissement du tracé, et l'accueil est donc assuré d'être chaleureux. Pré ou cour de ferme pour le cheval, table d'hôte pour les voyageurs, voilà un confort qui n'est pas à négliger. Toutefois, l'expérience de ces randonnées permet ensuite beaucoup plus de liberté ; la préparation de son propre itinéraire peut se faire (comme en équitation) sur la base des cartes d'état-major détaillées, en faisant attention à respecter les impératifs des quinze kilomètres journaliers (puisque le cheval, toujours courageux, s'arrêtera rarement de lui-même) et des côtes à la pente maximale de 4 pour 100. Les haltes sont prévues à des points d'eau, et le respect des propriétés s'impose aussi, comme le stationnement dans des lieux autorisés, terrain communal ou pré avec autorisation du propriétaire. L'arrêt prolongé nécessite un abri pour le cheval ; après ses soins seulement, les voyageurs pourront se restaurer à leur tour — peut-être dans l'une des nombreuses fermes françaises qui proposent écurie et collation. Après huit ou quinze jours de voyage, et bien que le trajet n'ait pas été grand sur la carte, l'intensité des rencontres vécues à ce rythme laisseront un merveilleux souvenir — et l'impression d'une profonde connaissance de la région. Cette vie marquera aussi le physique du randonneur ; la marche à côté de la roulotte (le chargement est déjà lourd, alors remarquez le soulagement de votre compagnon lorsque vous l'allégez de votre poids), la

Ci-contre et pages suivantes : l'attelage de loisir ou la roulotte des vacances tentent beaucoup d'amateurs, peu attirés par le menage très technique de la compétition.

B

En compétition ou pour les vacances, parfois simplement pour se rendre au marché du bourg voisin, le nombre des meneurs augmente régulièrement depuis quelques années.

bonne idée d'emporter aussi des bicyclettes, qui permettent à une partie du groupe d'aller reconnaître la prochaine halte, ou de sillonner le pays à partir du lieu de l'étape, le grand air, tout cela va contribuer à rendre ces vacances inoubliables. Les courses au village, les contacts humains plus faciles et cette communion avec les endroits traversés (qu'il est moralement impossible de souiller en laissant quelque détritus que ce soit) font du tourisme attelé la concrétisation d'une aspiration profonde, celle à une vie redevenue naturelle.

Le cheval lourd

Les races de trait françaises sont parmi les meilleures et les plus appréciées du monde. Protégées elles aussi par les Haras nationaux durant la « période noire » de l'après-guerre, elles retrouvent une certaine vitalité grâce à la demande étrangère, pour des reproducteurs améliorant leurs élevages, et aussi par la renaissance d'un petit travail à la ferme, dans les champs très pentus, les cultures délicates (houblon, vignoble, maraîchage) et le débardage du bois. Parallèlement, de plus en plus de fêtes traditionnelles ont lieu, remettant en valeur le cheval lourd dans ses activités ancestrales : coupe et battage du grain, ramassage des foins, concours de traction, etc. La nostalgie des attelages utilitaires est grande, au cœur de la France, et ces retrouvailles du cheval et de l'homme autour de travaux naturels, rythmés par les saisons, apaisent un besoin plus fort que tout esprit de rendement. Le cheval de trait, après soixante siècles de service, ne veut, ne peut pas mourir.

Le cheval d'attelage

Autrefois, lorsque la traction était utilitaire et que la puissance primait l'esthétique, les meilleurs sujets devaient avoir une croupe inclinée, presque « en pupitre », preuve de dispositions pour l'attelage lourd. Désormais, cette considération n'a plus réellement cours. Un cheval bien proportionné, solide, est tout à fait apte à être attelé. Certes, certaines races légères présentent d'excellentes dispositions, comme le selle français, cousin du trotteur français « roi des hippodromes », le lipizzan, le cob, le trakehner. Pour certaines rencontres où le fond et la maniabilité priment sur la vitesse, des traits (boulonnais, breton, percheron), de modèle léger, ont toutes leurs chances, grâce à leur endurance et leur docilité.

C'est finalement le caractère et le dressage qui feront le bon cheval d'attelage. Calme et courageux, dressé tôt (même non encore débourré), avec un travail très progressif basé sur la mise en confiance, le cheval doit s'habituer aux différents harnais et aux voitures. Le travail aux longues rênes, à pied, est aussi un excellent exercice permettant l'apprentissage des figures complexes sans le risque présenté par la voiture, en cas de mauvais mouvement.
Pour apparier le jeune cheval la première fois, il faut attendre qu'il ait déjà accepté tout le travail d'attelage à un ; ensuite seulement, on pourra l'associer avec un cheval d'âge, expérimenté , un « maître d'école » qui saura « forcer » un peu son compagnon en cas de défense. L'attelage à quatre ne pourra prendre naissance que lorsque le meneur disposera de deux paires de chevaux habitués ensemble, et travaillant déjà parfaitement en couple.

L'attelage-poney

Cette discipline se développe beaucoup actuellement, car elle bénéficie à la fois de l'engouement de la jeunesse pour le poney, et de celui des adeptes du loisir, comme de la compétition, pour le menage. Les principes généraux sont tout à fait similaires à ceux déjà exposés, tout en étant proportionnés à la taille des montures considérées. Pourtant, cette dernière restriction est moins vraie pour l'attelage que pour les autres disciplines : en effet, un adulte peut conduire une voiture hippomobile tirée par des poneys, alors qu'il ne pourra pas monter l'un de ceux-ci. Très robustes, toutes les races de poneys aptes à la traction sont en effet capables, proportionnellement, de plus gros efforts que les chevaux.
La voiture est plus petite et doit être en rapport avec la taille des membres de l'attelage ; elle est généralement neuve, car les poneys n'étaient pas très souvent attelés au siècle dernier. Ce sont donc des modèles copiés sur des voitures anciennes, en miniature, ou même avec des formes modernes, acceptées en compétition officielle (contrairement, en cela, au règlement affecté aux chevaux). Les roues sont généralement montées sur pneus. Toute une série d'aménagements sont encore acceptés, comme des amortisseurs modernes, des freins à disques (!), etc. Même les modes d'appariement des poneys sont nombreux : un, deux de front, deux en file (tandem), trois de front, trois en file (tridem), quatre, etc.

Les mêmes attelages-chevaux ne seraient pas acceptés lors d'une épreuve officielle. Mais à poney, le jeu motive avant tout, la compétition étant secondaire et s'adaptant aux pratiques des jeunes meneurs. Ainsi peut-on voir des tombereaux ou des jardinières côtoyer des landaux miniatures ou des sulkys de cross. Toutefois, les harnais, eux, sont similaires à ceux des chevaux, et utilisés, réglés, de manière identique.
Le caractère du poney, volontaire mais qui partage tout de même volontiers les jeux de son cavalier, s'allie à ses exceptionnelles qualités de solidité, de force et d'endurance, pour en faire un bon sujet d'attelage. Le shetland, malgré sa petite taille, y brille particulièrement. Le haflinger, le merens, ont chacun des points forts, comme la puissance, tandis que le hackney se distingue plutôt par ses allures spectaculaires — que possède un peu le landais.
Pour les concours, le Poney-Club de France s'est inspiré du règlement international. Le concours combiné d'attelage comprend ainsi, théoriquement, les trois épreuves classiques : dressage (avec présentation), marathon et maniabilité. Toutefois, les organisateurs peuvent supprimer l'une ou l'autre de ces phases, voire même n'en garder qu'une. Le marathon (18 km au maximum) est de toute façon l'épreuve considérée comme la plus importante. Les conditions de participation et de jugement sont les mêmes que pour les chevaux.

Champions du monde (attelage à quatre chevaux)

CHAMPIONS DU MONDE	NOM DU MENEUR	PAYS
Münster, **1972**	Auguste Dubey	Suisse
Fanenfeld, **1974**	Sandor Fülop	Hongrie
Kecskemet, **1978**	György Bardos	Hongrie
Apeldoorn, **1982**	Tjeerd Velstra	Hollande
Ascot, **1986**	Tjeerd Velstra	Hollande
Stockholm, **1990**	Ad Aarts	Hollande

La voltige

Comme le monde du spectacle dont sa forme moderne est issue, la voltige a ses partisans et ses détracteurs. Art pour certains, exercices divertissants pour d'autres, elle revient actuellement au premier plan de l'actualité en devenant discipline équestre olympique et en se développant comme méthode pédagogique à part entière.
Qu'elle soit présentée en mouvement, cheval au galop sur le cercle à la longe ou bien en ligne droite, libre, ou qu'elle s'effectue monture arrêtée, la voltige est globalement définie comme étant l'ensemble des mouvements gymniques accomplis sur un cheval ou un poney. La grande variété des exercices présentés correspond d'ailleurs à des évolutions historiquement très différentes. Que ce soit comme ruses de guerre, comme preuves de leur habileté à cheval, ou tout simplement par plaisir du jeu et de l'exercice physique, tous les peuples cavaliers ont cultivé une certaine forme d'acrobatie à cheval. Les exercices « de pied ferme », monture immobile, ont ensuite été développés dans les casernes de cavalerie comme mise en selle et assouplissement des soldats. Enfin, la naissance du cirque, il y a un peu plus de deux siècles, conféra à la voltige l'image de marque d'un spectacle.

La voltige et l'histoire

Il semble que, dès le départ, il y ait eu une nette scission entre les cavaliers « d'école », entretenant à grands frais des chevaux de valeur — et des professeurs d'équitation — et ceux qui se divertissaient, chacun leur tour, sur une monture quelconque. Chez les Grecs et les Romains, les premiers étaient disciples de théoriciens, tels Xénophon ou Simon d'Athènes, tandis que les seconds appartenaient à la plèbe, et montaient comme les Scythes et les Numides, à l'instinct. Les « barbares » des premiers siècles de notre ère devaient eux aussi apprécier ces manifestations d'adresse, et cette origine « non civilisée » de la voltige la marquera profondément, puisqu'au XVIe siècle les baladins qui présentent des « tours à cheval » aux barrières de Paris seront appelés « Turcqs » : et si leurs « singeries » sont admirées, cette provenance interdit toute confusion entre ces saltimbanques et les écuyers académiques.
Dans les grandes écoles classiques, la voltige n'est jamais mentionnée — contrairement aux jeux équestres, dont parle La Guérinière. Cette mise à l'écart se poursuivra jusqu'à l'apparition des grandes écoles militaires, qui vont avoir besoin de méthodes d'instruction rapides et efficaces.
Or, quel meilleur apprentissage, pour apprendre à monter à cheval, que d'enfourcher d'abord une monture immobile? Pour plus de sécurité, l'animal sera même remplacé par un cylindre de bois et de cuir, le cheval d'arçon. Musculation et souplesse peuvent ainsi être travaillées sans risques — et sans fatigue d'une monture — par tous les hommes de troupe. C'est la selle à piquer du XVIIIe siècle, avec ses proéminences devant et derrière, qui commande d'ailleurs la place des poignées du cheval d'arçon, parallèles entre elles et parallèles à l'axe du « corps ». Ce n'est que plus tard que fut inventé le surfaix (sangle renforcée munie de poignées côte à côte), placé sur le dos du cheval pour permettre de voltiger sans selle, ou sur un tonneau pour simuler la monture. Cet entraînement physique de caserne devint l'un des plus prisés, alliant l'esthétique à l'athlétique, et pouvant donner naissance à une sorte de « chorégraphie ». C'est ainsi que d'anciens militaires en firent ensuite leur métier, comme Philip Astley (1742-1814), dont le travail et les présentations sont considérés comme les fondements du cirque et de la voltige modernes. Les deux se confondirent ainsi longtemps, les spectacles de cirque restant en grande partie équestres jusqu'au XXe siècle, et les exercices à cheval héritant du travail sur le cercle, directement dérivé de la piste circulaire des petits chapiteaux. Militaires et forains se rejoignent autour de cette piste, et jongleurs, funambules, se mettent à cheval, ajoutant adresse et équilibre aux qualités gymniques des voltigeurs.

Au XXe siècle, avec la vogue de ces « cirques », qui concurrencent directement le théâtre, le spectacle se fait plus élégant, et la danse, la chorégraphie, les « poses équestres », rencontrent plus de succès que les exercices de force. C'est la naissance des « belles écuyères », pour lesquelles un Américain, John Morton, pensa à installer tout simplement une « scène » sur le dos du cheval : c'est le « panneau », sorte de grande selle plate couvrant la monture du garrot jusqu'à la queue, et sur lequel peuvent être présentées des parties entières de spectacle mimé ou dansé. Avec les modes de l'exotisme, c'est ensuite des numéros « à la cosaque », « à la tcherkesse », « à la cow-boy », « à l'indienne », qui sont montés, puis « à la jockey ». Pourtant, l'exercice en lui-même existe dans certains centres de cavalerie, sans fioritures, et c'est là que renaîtra, après la guerre, la vocation pédagogique et « académique » de la voltige. C'est en Allemagne qu'elle conquit d'abord les centres équestres, puis en Suisse et en Autriche, plus récemment en France et aux États-Unis.

La voltige d'aujourd'hui

Plus qu'une gymnastique agrémentée de la présence du cheval, la voltige représente pour ses fanatiques une expression équestre à part entière. Que leurs goûts les fassent se rapprocher de la cascade ou de la danse, les fondements restent les mouvements de la monture, leur compensation et même leur exploitation pour permettre l'aisance et l'amplitude des exercices effectués. En devenant discipline de centres équestres, la voltige touche en revanche des élèves plus jeunes qu'auparavant : ils sont plus souples, plus disponibles, peuvent monter à plusieurs sur le cheval sans le fatiguer, enfin acceptent plus facilement les contraintes d'entraînement, d'échauffement, bref de gymnastique qu'une pratique sérieuse impose. Cela débouche d'ailleurs sur des compétitions, très développées surtout en Allemagne, où il y a près de 35 000 voltigeurs licenciés.
Pourtant, une fois que l'adolescent est conquis, il le reste en devenant adulte, et la discipline retrouve ses pratiquants « hommes » qu'elle avait au temps de la cavalerie, attirés soit par le côté gymnaste, soit par l'acrobatie et la cascade. L'apprentissage débutant toutefois à un âge de plus en plus bas, cela nécessite de la part du moniteur une excellente pédagogie — et un cheval parfait. Ce dernier point est trop important pour être traité superficiellement ; il fera donc l'objet d'un paragraphe spécial. La pédagogie intervient, quant à elle, à deux niveaux. D'abord, une petite fille de huit ans n'est pas un engagé de dix-huit ans, et tous les mouvements « en force » doivent au contraire être remplacés par la souplesse

Les « poses équestres », figures de danse exécutées sur un cheval au galop, furent des bases de la voltige en cercle. Le cirque Grus « à l'ancienne » renoue avec cette tradition.

La voltige moderne à la longe est désormais sport de compétition, avec des figures imposées; cela ne l'empêche pas de rester l'une des meilleures mises en selle, pour tout cavalier.

et le «sens du cheval» qui permet d'utiliser sa vitesse comme impulsion, pour sauter sur son dos par exemple. La monture devra donc, si possible, être proportionnée à la taille des élèves, ou bien il faudra aider les plus jeunes. Ensuite, la voltige elle-même devient moyen pédagogique, dans le sens où tout débutant qui apprend à sentir les mouvements du cheval, à cru (sans selle), mais rassuré par le fait que le moniteur est maître de la vitesse et de la direction puisqu'il tient la longe, fera des progrès beaucoup plus rapides en équitation par la suite. On ne peut donc que se féliciter du développement d'une discipline enrichissante à la fois en elle-même et pour l'équitation tout entière.

La pratique

L'initiation peut se faire directement, sans contact préalable avec la monture; en effet, le jeune cavalier va pouvoir «sentir» tout de suite l'être vivant, sous lui, puisqu'il est assis directement sur son dos sans l'intermédiaire d'une selle, et de plus il n'aura aucun souci de sécurité : le cheval est dirigé en cercle, à la longe, et sa vitesse est commandée par le moniteur. Enfin — et c'est peut-être le point le plus important pour certains —, on lui apprend une chose indispensable : comment descendre. Sans que sa monture s'arrête, il voit qu'il peut passer une jambe par-dessus l'encolure et se retrouver à terre, souplement, sans difficulté. Ensuite, une fois remonté, il peut s'asseoir comme il veut : à califourchon, en amazone (les deux jambes du même côté), ou... face à l'arrière. Après une telle décontraction sur son dos, il n'aura plus aucune appréhension à raccompagner le cheval à son box, à le brosser, à le soigner, puis, les jours suivants, à participer à son harnachement; voilà la démarche inverse de celle préconisée pour l'équitation classique, mais une fois le premier pas (ou plutôt le premier saut... à terre) effectué, ce jeune deviendra certainement un cavalier, et cela rapidement.
Pour le perfectionnement, la gymnastique traditionnelle est fortement recommandée. Dans le cadre strictement équestre, chaque séance doit être précédée d'un échauffement consciencieux et doit s'effectuer dans une tenue adéquate : survêtement et chaussures de sport ou de gymnastique — les bottes, en plus de leur poids et de leur inconfort, peuvent être dangereuses, en gênant la réception des sauts. Dans la voltige de compétition, il y a désormais des figures imposées; le travail de celles-ci — et d'autres, pourquoi pas? — doit se faire, même pour les non-compétiteurs, à partir du cheval immobile ou de son remplaçant, le tonneau monté sur pieds et équipé d'un surfaix. Car ce n'est que de cette manière qu'il sera possible au débutant de se concentrer sur sa position. Une glace permet aussi de visualiser le mouvement et de rapprocher l'aspect de la silhouette et les sensations de son propre équilibre. Une fois toute la mise au point gymnique effectuée à l'arrêt, elle peut l'être sur le cheval au pas, puis au galop.

En fait, le plus dur sera sans doute l'étape du «à terre-à cheval», ce premier saut sur le dos d'une monture au galop. Paradoxalement, si le «truc» a bien été expliqué par le moniteur, il sera beaucoup plus facile à effectuer en mouvement qu'à l'arrêt. En effet, il ne s'agit pas de se «propulser» vers le haut, pour enjamber une hauteur de 1,50 m, mais seulement de basculer le corps autour d'un point fixe accroché au cheval et, en laissant la vitesse de celui-ci agir comme une force, de soulever les hanches et les jambes, qui monteront toutes seules. Tout ceci doit s'expliquer par étapes. Le cheval arrêté, le moniteur montre comment prendre les poignées du surfaix — une dans chaque main —, comment appuyer l'avant-bras gauche, vertical, contre le flanc du cheval, comment pencher le haut du corps et la tête vers la gauche — par-dessus le coude gauche qui est le point fixe collé au cheval —, enfin comment élever les hanches d'une légère détente des jambes vers la droite. Ce mouvement compris, il faut apprendre à «galoper» : à côté du cheval, lui-même à cette allure, il faut aller aussi vite en courant de biais, la jambe gauche toujours en avant de la droite (le pied droit se posant au niveau, et non pas en avant du pied gauche, à chaque foulée), son rythme réglé sur celui du cheval, c'est-à-dire en posant son pied gauche en même temps que le sabot gauche.
Cela fait, il ne reste plus qu'à attraper, à cette allure, les poignées du surfaix, à se mettre dans la position d'appel déjà décrite, et à profiter d'une «foulée» pour s'enlever... et se retrouver à cheval. Le perfectionnement de ce mouvement, une fois la synchronisation trouvée, n'est plus qu'affaire de souplesse, jambes bien tendues, dos plat, pointes des pieds étendues, etc. Il faut ensuite, au galop, à cheval, lâcher les mains et apprendre à s'asseoir à gauche, à droite, à sauter en tenant les poignées et à «galoper» quelques foulées à côté du cheval, avant de prendre son appel pour remonter. Le «à terre-à cheval», mouvement de base, se travaillera en raccourcissant le nombre de foulées entre la réception et l'appel suivant : quatre, puis trois, puis deux, puis une, pour parvenir enfin à la «réception-détente immédiate», puis à la succession de plusieurs «à terre-à cheval».

Les figures imposées

Les figures imposées, ensuite, ont tout intérêt à être préparées à l'arrêt sur le tonneau, puis au pas, devant des glaces, afin d'être parfaitement maîtrisées avant d'être essayées au galop. Le lien entre la perception de sa position et l'aspect visuel doit en effet être établi avant que le mouvement du galop ne pose un problème supplémentaire d'adaptation.
Pour débuter, et même par la suite, il est impossible de travailler toutes les figures ensemble. Il faut se limiter à une ou deux, en variant leurs enchaînements d'une leçon sur l'autre. La variété des exercices (échauffement de 10 à 20 minutes, galop à côté du cheval, saut en croupe, postures des différentes figures sur le tonneau, puis à l'arrêt et au pas, enfin travail au galop) permet de ne pas lasser ou fatiguer les élèves — ni le cheval.
Les six figures imposées sont les suivantes, d'après Pierre André, président de l'Association nationale de voltige équestre :

— **Assis à cheval, bras en croix.** Ayant sauté à cheval, le voltigeur est assis et met les bras en croix, dans le plan du corps; les mains sont tendues, dans le prolongement des bras, les ongles à la hauteur des yeux. La tête est droite, regard horizontal. Comme pour tout travail assis, les jambes tombent verticalement le long des flancs du cheval, avec donc les cuisses un peu ouvertes, les pointes de pied tendues vers le sol. Les positions, une fois établies, doivent être tenues durant quatre foulées de galop. Après avoir repris les poignées, la sortie se fait en passant la jambe droite par-dessus l'encolure, en lâchant une main après l'autre pour la ramener. Cette position «assis bras en croix» est en quelque sorte le test de base, qui permet de juger l'assiette au galop du voltigeur, l'immobilité relative de sa tête et de son buste, par rapport au mouvement du bassin qui accompagne le dos du cheval.

— **L'étendard.** Le voltigeur se met à cheval, assis, puis, sans lâcher les poignées, à genoux. Il doit être un peu de travers, pieds à droite et genoux à gauche. Il doit alors lever la jambe droite en extension, puis le bras gauche, le corps cambré, la tête droite, ongles de la main gauche à la hauteur de la pointe du pied droit. Après les quatre foulées (minimum) dans cette position, il reprend la position assise puis sort normalement. La posture en elle-même nécessite un important travail du dos et de multiples exercices d'extension des bras et des jambes.

— **Le moulin.** Après avoir effectué la même entrée, il s'agit pour le voltigeur de faire le « tour du cheval », c'est-à-dire de s'asseoir successivement en amazone à gauche, vers l'arrière (face à la croupe), en amazone à droite et revenir en position initiale. Chaque phase, après un quart de tour, doit durer juste quatre foulées — y compris la dernière avant la sortie habituelle. C'est un exercice dynamique, exigeant souplesse et étude du mouvement, comme dans la danse. La jambe doit être tendue et s'élever jusqu'au visage, la tête droite et le haut du corps pivotant après le bassin seulement. Le travail des abdominaux est ici prépondérant.

— **L'amazone.** Si l'entrée est la même, la sortie est caractéristique de cette figure. Une fois assis, le voltigeur prend appui sur les poignées et jette les jambes aussi haut qu'il le peut en arrière, pour les ramener, jointes, sur la gauche ; une fois assis en amazone à gauche, il recommence le même exercice, jambes toujours jointes par-dessus la croupe, pour sortir par l'arrière et vers l'*extérieur* de la piste. Comme il doit toujours s'appuyer sur les poignées pour se « décoller » du cheval, ce sont les bras du voltigeur qui travaillent le plus ici.

— **Debout.** De la position assise, l'élève se met à genoux, puis sur ses pieds, enfin se redresse en mettant les bras en croix ; après quatre foulées dans cette position, il se rassoit doucement et sort vers l'intérieur, jambes par-dessus la croupe. L'équilibre est primordial, bien entendu, et doit beaucoup à la souplesse des articulations des jambes, surtout des chevilles. Le mouvement se préparera d'abord à l'arrêt et au pas, avant de passer au galop ; les tout premiers temps, il est possible de s'aider d'une petite ficelle attachée au surfaix, afin de trouver plus facilement la position debout au galop.

— **Les ciseaux.** De la position assise, le voltigeur effectue d'abord un ciseau arrière, le haut du corps penché en avant et les jambes tendues, la gauche passant par-dessus la droite afin que le corps pivote sur la gauche, pour se retrouver assis face à la croupe. Le retour s'effectue en ciseau avant, les poignées tenues derrière le dos, les fesses décollées pour passer la jambe gauche par-dessus la droite, puis en pivotant pour se retrouver assis vers l'avant. La sortie s'effectue jambe droite par-dessus la croupe, vers l'intérieur. Appui des bras et abdominaux sont surtout mis à contribution dans cette figure. Il existe bien d'autres exercices, et en compétition, après la présentation de ces six combinaisons imposées, figure une épreuve de figures libres.

Le cheval courant quinze minutes d'affilée, et l'équipe officielle étant de huit membres actifs pour les figures imposées, il ne reste guère plus de cinq minutes pour le programme libre, présenté par un, deux ou trois voltigeurs. Classées en trois séries selon leur difficulté, les séquences doivent faire intervenir au moins une fois chaque équipier — en alternant mouvement individuel et groupes, pour laisser le dos du cheval se reposer. Il y a plusieurs entrées et sorties, mais l'essentiel repose sur des sauts (jambes écartées ou groupées, sauts périlleux, etc.) et des « poses ». Celles-ci sont limitées à trois foulées (quatre pour les figures imposées à une) et dérivent des positions déjà citées, présentées seulement à plusieurs.
Une fois adultes, les « anciens » voltigeurs (un âge limite étant fixé, différent selon les pays d'ailleurs, à cause du poids imposé au cheval en figures à plusieurs) rejoignent très souvent la seule discipline qui leur reste accessible : l'acrobatie. C'est souvent de la voltige en ligne droite, dite « à la cosaque », mais une voltige en cercle de « deuxième âge » tend à se créer, pour effectuer par exemple des « pas de deux » et autres présentations courtes, à la fois athlétiques et esthétiques. La récente reconnaissance de la voltige comme discipline équestre à part entière devrait inciter les dirigeants des pays les plus avancés en ce domaine (les pays germaniques notamment) à élaborer une structure complète, formation-compétition-pratique régulière, qui lui permettrait de jouer tous les rôles qu'elle peut tenir : pédagogie, sport, plaisir, art. L'avantage qu'elle présente de ne nécessiter qu'un excellent cheval pour huit ou dix élèves devrait très certainement jouer en sa faveur.

Le cheval de voltige

Mais, justement, tous les chevaux sont-ils aptes à cette discipline ? Non, ni physiquement ni surtout moralement. Au point de vue physique, le cheval de voltige doit être bon porteur, donc puissant, mais avec le dos long tout de même (pour accepter trois élèves !), un galop rond et régulier, du souffle. Moralement, il doit avoir un caractère calme, stable, tout en n'étant pas lymphatique (le longeur ne doit pas toujours être obligé de le solliciter avec la mèche de sa chambrière !). En particulier, il ne doit pas être chatouilleux ni craintif. Les hongres sont plus faciles (et réguliers) que les juments. L'âge minimal, compte tenu du poids qu'il serait dangereux d'imposer à un cheval qui n'a pas terminé sa croissance, doit être de cinq ans. Quant à la taille, elle doit être choisie en fonction de celle des élèves. Les poneys sont d'excellents porteurs, mais tous n'ont pas un caractère qui convienne, et ils sont souvent trop petits (la voltige est plus facile, mais aussi moins instructive que sur une monture plus grande). Toutefois, de grands poneys, comme les haflingers, conviennent bien à ce travail.

Le cheval et son travail

Le selle français, le trakehner, tous ces chevaux demi-sang puissants et calmes font de bonnes recrues. Mais c'est le dressage qui détermine les qualités définitives, et le modèle ne sert à rien sans l'éducation appropriée. L'apprentissage à la longe est ainsi beaucoup plus délicat qu'il n'y paraît — et les déceptions de beaucoup de groupes de voltige viennent seulement de là. Le cheval parfait doit être absolument régulier, sur un cercle absolument rond ! Le longeur doit donc pivoter autour d'un point fixe (son talon par exemple) et conserver une longueur et une tension de longe *constantes.* C'est le contraire même du débourrage simple, où le longeur tourne un peu avec son cheval, selon un petit cercle inscrit dans le grand, et dirige celui-ci par oscillations (verticales ou horizontales) de la longe. C'est en fait, au début, la voix, puis la chambrière (par sa position seulement, bien qu'au départ il faille parfois la faire respecter un peu), qui donnent les indications au cheval. Portée vers les hanches, celle-ci donne l'impulsion ; croisée sur la longe, vers l'avant, elle « freine ». Le travail préparatoire s'effectuera sur cette base de langage, en travaillant bien évidemment autant le cheval dans un sens que dans l'autre, même si la compétition se déroule toujours « à main gauche » (côté gauche à l'intérieur du cercle). D'ailleurs, le travail monté est également fort recommandé, de même que les *cavaletti,* ces petites barres successives, basses, qui donnent de la régularité aux allures.
Le cheval est maintenant bien longé ; il faut alors lui faire accepter toutes les acrobaties qui vont se faire sur son dos. La première fois qu'il verra un élève venir à lui et courir à ses côtés, soit il s'arrêtera, soit il partira comme une flèche ; ce sera alors au longeur de le « canaliser ». Les premières séances, les élèves se succéderont à la file, venant à lui le long de la longe et galopant quelques foulées à ses côtés en le caressant. Puis, lorsqu'il gardera son calme durant cet

exercice, les voltigeurs feront la même chose, mais en prenant les poignées au surfaix et en s'appuyant — à peine — sur son flanc. Enfin, ce sera le premier « à cheval » au galop. Selon la même progression, toutes les figures seront effectuées sur lui à l'arrêt, puis au pas, enfin au galop. Bien entendu, ce travail ne peut se faire qu'avec un longeur compétent et des voltigeurs confirmés. Ce n'est que dans quelques années que ce même cheval, alors « maître d'école », servira à son tour à former de jeunes élèves.

La voltige en ligne droite, cheval libre (héritée des Cosaques), est souvent pratiquée en Camargue, et par les cascadeurs équestres (Mario Lurashi, Jackie Venon, etc.).

Matériel de voltige

La voltige, qu'elle soit en cercle ou en ligne droite, exige autant — si ce n'est plus — de matériel que l'équitation classique. En ligne droite, en plus du filet normal, les cavaliers emploient une selle spéciale, avec des courroies et des poignées leur permettant de se tenir le long du cheval (lorsque ce n'est pas dessous). Pour certains exercices, comme le ramassage d'objets à terre, un « truc » consiste à n'avoir qu'une étrivière, coulissante, pour les deux étriers : ainsi l'on peut se baisser, en relevant celui de l'autre côté de la selle. Enfin, le cheval est parfois enrêné afin de galoper bien droit, sans lever la tête.

Pour la voltige au cirque, nous avons déjà cité le « panneau », qui couvre tout le dos du cheval comme une estrade. Le cheval galope en cercle, mais libre, sur la piste délimitée par les rebords traditionnels (13 m de diamètre) ; lui aussi est enrêné, afin de garder toujours la même position d'encolure.

La voltige de compétition, enfin, utilise un filet simple, sur lequel sont fixés d'une part la longe, d'autre part des « élastiques » qui relient le mors au surfaix, de chaque côté, et conservent au cheval à la fois une certaine courbure de l'encolure, dans le plan vertical, et une certaine incurvation sur le cercle. Le surfaix lui-même est une sangle renforcée, qui comporte deux poignées, une de chaque côté du garrot, et qui peut, ou non, maintenir un tapis. Ceci fait l'objet actuellement de discussions internationales, en vue d'une homogénéisation des règlements. Le tapis, employé notamment par les Allemands, facilite la tenue debout ; certains puristes (entre autres, quelques Français) lui reprochent cette facilité. De même, l'emploi d'œillères, qui cachent au cheval les mouvements des voltigeurs et le rendent plus calme, est discuté. La qualité de l'équilibre de l'élève et de la stabilité du cheval étant directement issue du travail de l'équipe, il est un fait qu'autoriser trop de moyens artificiels reviendrait à accepter une préparation moins sérieuse. C'est dans ce sens que tranchera sans doute la décision officielle.

Cela est à rapprocher de l'éternelle controverse entre les partisans du travail en manège et ceux qui n'acceptent que l'extérieur. Certes, un cheval est plus concentré à l'intérieur, mais le grand air et le soleil doivent faire partie d'une « gymnastique » bien conçue. Seulement, le manège permet de travailler toute l'année et d'avoir des compétitions durant la saison d'hiver, moins riche en épreuves d'autres disciplines. Heureusement, sur ce point, rien n'empêche de s'entraîner en carrière, puisque le cheval n'en sera que plus attentif lorsqu'il sera en intérieur. Comme terrain, il suffit d'un cercle de 18 m de diamètre (13 m pour le cheval et le reste pour les voltigeurs). Un sol souple (pour le poids de la monture et ceux des élèves), du travail, une certaine technique, et le plaisir fait passer facilement de l'entraînement à la compétition.

Poney et voltige

Presque tous les grands poneys sont aptes à la voltige. Et si leur taille, inférieure à celle du cheval, n'est pas un bon moyen de travailler suffisamment pour sortir en compétition, en revanche elle est un atout dans la découverte de cette discipline par les enfants — et dans la pédagogie générale de l'équitation. Un welsh, un new forest, un connemara, s'équilibrent très bien sur le cercle, restent calmes et permettent, justement par leur taille, de mettre les jeunes en confiance. La chute n'est plus une crainte, mais devient au contraire un jeu, surtout si la précaution a été prise de se mettre dans une carrière très souple. Il s'agit de commencer avec un poney non sellé, tenu immobile, très calme, sur lequel les enfants font le « moulin » : assis à califourchon, puis à gauche, vers l'arrière, à droite, et à nouveau à califourchon vers l'avant. Ensuite viennent les sauts, avec ou sans tremplin (mais toujours avec deux aides prêts à rattraper une chute qui s'amorce mal), par le côté ou par l'arrière ; les ciseaux, à genoux, debout, voilà tout appris en quelques séances. Le pas, puis le galop à la longe, ne sont ensuite que des amusements encore plus drôles.

Jean-Marie Vœux a très bien mis en œuvre tout cela, lui qui présente depuis plusieurs années des « shows » de voltige à poney, tous plus animés les uns que les autres, à la longe ou en ligne droite. Le travail fourni pousse l'esthétique au niveau de l'art, basé sur la souplesse et non sur la force. Succession de « à terre-à cheval », sur l'intérieur et sur l'extérieur du cercle, poses classiques, groupe sur deux poneys à la longe, figures en ligne droite, l'imagination est reine — et les spectateurs aussi enthousiastes que les jeunes acteurs. Une fois le premier contact avec le cheval établi de cette manière, avec autant de plaisir, comment imaginer que cela ne puisse pas durer toute la vie ?

Sport ou jeu?

Le polo

Le polo (du mot tibétain *pulu* qui désigne la racine dans le bois de laquelle était taillée la balle) est sans doute l'un des plus anciens sports du monde. Il en est fait mention pour la première fois en Perse, il y a plus de deux mille ans. Qu'il soit originaire de ce pays, et introduit aux Indes à l'époque des conquêtes d'Alexandre le Grand, ou bien qu'il ait seulement été découvert plus tard par les commerçants chinois et ramené dans la péninsule indienne, c'est là qu'il survécut plusieurs siècles avant d'être connu et importé par les Anglais, au XIXe siècle. À l'époque, il était surtout pratiqué dans la province d'Assam, avec des poneys locaux manipuri qui toisaient parfois à peine 1,20 m au garrot. Les commerçants des comptoirs, les planteurs européens, et surtout les troupes anglaises, se mirent à ce jeu, et la rigueur militaire britannique lui donna presque aussitôt les règles qui sont toujours les siennes aujourd'hui. Le club de Silchar, fondé en 1859, fut le premier du genre, et son modèle se répandit dans toute la péninsule.
En Angleterre, le polo fut tout de suite accepté et devint le sport à la mode. Introduit en 1869 par des officiers de corps d'élite (9e lanciers, 1er Life Guards et Royal Horse Guards, 10e hussards), il se jouait encore en équipe de huit. Du temps des poneys indiens, assez lents, l'équipe comptait même neuf joueurs. Mais avec l'emploi de montures plus grandes et plus rapides, les équipes se réduisirent, pour se fixer à quatre dès les premiers règlements nationaux anglais, en 1875.
Après les tournois inter-régiments (dès 1878), se déroulèrent des rencontres internationales : en effet, le polo venait de conquérir les États-Unis et l'Argentine. Le nombre de joueurs américains et la qualité des chevaux argentins allaient enrichir les compétitions avant même le début du siècle suivant. Grâce à la qualité des poneys indigènes (à base de criollo) et à leur élevage facile en immenses estancias, l'Argentine allait devenir le premier pays producteur de montures de polo. Avec une certaine évolution dans la demande pour la taille (en 1876, les limites maximales étaient de 1,32 m aux Indes et 1,40 m en Angleterre ; cette taille limite fut abolie en 1919, et aujourd'hui la moyenne est de 1,51 m, concernant donc des chevaux et non plus des poneys, bien que le terme « poney de polo » soit toujours employé), les croisements se sont faits très étudiés, avec un important apport de sang anglais. Des lignées sont restées célèbres, comme celle issue du petit pur-sang appartenant à sir Humphrey de Trefford, avec des étalons célèbres comme *Sandiway, Lord Polo, Hurlingham* (du nom du premier club anglais).
L'âge d'or du polo américain se situe entre 1920 et 1930. À cette époque, les rencontres internationales étaient fréquentes, sur le sol anglais, avec Argentins et équipes indiennes, la tradition ayant été conservée là-bas par de nombreux régiments. Même l'Australie, membre du Commonwealth, s'était prise au jeu. Mais les Argentins, avec leur potentiel équin et humain, dominèrent très vite ce type de tournoi — d'autant que la Seconde Guerre mondiale allait pratiquement détruire le polo anglais. Lui qui comptait 500 joueurs en activité (contre 1 000 aux États-Unis et 3 000 en Argentine), il dut repartir de zéro ensuite. Aujourd'hui, l'Argentine vient toujours en tête avec près de 4 000 joueurs, suivie de l'Amérique du Nord (1 800) et de l'Australie (500) ; l'Angleterre (350) a bien remonté l'écart, notamment grâce à la participation active du prince Philip, dont l'oncle (lord Mountbatten) fut l'auteur d'ouvrages sur le polo, sous le pseudonyme de Marco. Certains pays d'Amérique latine, grâce à leurs élevages, le Mexique, d'anciens dominions britanniques (Nouvelle-Zélande, Afrique du Sud, Kenya, Malaisie), l'Inde et le Pakistan sont des pays où ce sport tient une place non négligeable. En Italie ou en France (80 joueurs), il est en revanche très marginal, surtout à cause de son coût élevé.

Des règles strictes

Il s'agit de faire rentrer une balle, en la tapant avec un maillet, entre les poteaux de but de l'équipe adverse, tout en restant à cheval. Les joueurs sont donc quatre par équipe, deux avants (les numéros 1 et 2), un centre (le 3) et un arrière (le 4) ; le terrain mesure au maximum 275 m × 140 m, avec une longueur minimale de 227 m entre les buts. Ceux-ci sont constitués de poteaux hauts de 3,10 m et écartés de 7,45 m. La partie se joue traditionnellement en huit reprises, ou chukkas, mais la tendance actuelle est de limiter leur nombre à cinq ou six périodes, chacune de 7 min 30 s, espacées de trois minutes, ou cinq à la mi-temps. Les équipes permutent de côté à chaque but marqué. Comme les règles ne comprennent pas de « hors-jeu », la place des équipiers est toute théorique, et ils peuvent permuter, voire tous jouer en avant sur un coup. C'est pour cela, compte tenu de la vitesse des chevaux et des risques de collision ou de choc avec un maillet ou la balle, que les règles son très précises sur les « charges » autorisées ou non. Deux arbitres montés, en maillot rayé, sont là pour les faire appliquer, ainsi que deux juges de but et un chronométreur.
En général, au cours du jeu, chaque équipier doit s'arranger pour approcher la trajectoire de la balle en l'ayant à sa droite (un gaucher ne peut être inscrit comme tel que s'il a un handicap minimal de 4, c'est-à-dire une pénalité due à sa « supériorité »). Tout risque de collision doit être évité de la part des adversaires qui veulent intercepter celui qui suit la balle. Pour ce faire, les articles du règlement sont précis. En cas de violation d'un de ces principes de sécurité, l'arbitre peut donner une pénalité, choisie dans un éventail allant du tir à 28 m en face des poteaux au tir à 54 m des buts. Couper le passage d'un adversaire qui poursuit la balle, bousculer un joueur sous un angle dangereux, zigzaguer devant un cheval au galop, prendre en sandwich ou « intimider », constituent des fautes aux pénalités appropriées. Une manœuvre délibérément dangereuse donne presque systématiquement un but à l'adversaire. Le jeu s'arrête si un cheval tombe ou boite, si un joueur est blessé ou perd son casque, si le harnachement se défait dangereusement, enfin si la balle sort du terrain.
Ce jeu très spectaculaire est donc assez compliqué à suivre parfaitement, ce qui peut expliquer que le public n'est jamais constitué que d'initiés et de joueurs. Par ailleurs, la grande disparité entre les équipes rend certains matchs très ennuyeux, du fait de la domination écrasante de l'une ou de l'autre. Pourtant, afin de l'éviter, tout en n'interdisant pas ces rencontres (souvent internationales) qui sont utiles aux moins bons pour s'améliorer, un système de handicap a été mis au point : un joueur peut être classé de − 2 à 10 et avant chaque épreuve, le total des handicaps de l'équipe est fait ; comparé à celui des adversaires, la différence obtenue est accordée comme buts d'avance au plus faible. En exagérant, une équipe de quatre handicaps 0, opposée à une équipe de quatre handicaps 10, se verrait attribuer 40 buts d'avance — en pratique, le jeu serait de toute façon trop déséquilibré.

Ci-contre et pages suivantes : le polo, d'origine très ancienne, reçut ses règles actuelles très strictes lors de son adoption par les troupes britanniques de l'« armée des Indes ».

Généralement, les engagements font en sorte que les handicaps se compensent ou n'atteignent pas plus de 5 buts.

Le cheval de polo

Ce sport est très éprouvant pour les montures, et les cavaliers en entraînent chacun trois ou quatre, pour pouvoir changer à chaque période, et si possible avoir en moyenne un cheval pour deux périodes. Le travail est donc long, et très coûteux, ce qui confère au polo une image de marque de sport « d'élite ».
Le cheval idéal ne dépasse pas 1,56 m au garrot, il a un rein court, une encolure bien attachée, et doit être maniable, équilibré, avec des réactions rapides et un démarrage « perçant » ; la bonne vision est une qualité importante, tout comme la solidité des membres et la dureté de la corne des sabots. Les jarrets, beaucoup sollicités (départs et arrêts brusques), devront être parfaits — et très surveillés par la suite. Le cheval mou est à exclure, comme celui qui a de mauvais aplombs. Le criollo argentin, dans ses croisements avec de petits pur-sang anglais, donne les montures types de polo. En plus de qualités indéniables de démarrage et d'aptitude à virevolter, il ne craint pas le contact avec les autres chevaux, autre avantage considérable ; cela est d'ailleurs sans doute dû à son élevage en troupeau, où les concentrations sont fréquentes et souvent « mouvementées ». Joint à la confiance et à l'éveil, c'est ce qui fait que le poney finit par « participer » aussi, parfois en anticipant (malgré son obéissance) l'ordre du cavalier. Ceci trace le portrait d'un champion, pour peu qu'il soit bien dressé.
Pour ses muscles et son assouplissement, le travail au petit galop, rênes longues, avec fréquents changements de rythmes et de direction, semble bon, ainsi que de longues sorties « tout terrain » au trot. Mais le dressage doit également porter sur un équilibre parfait à toutes les allures (prouvé par la possibilité de tenir une cadence lente rênes longues), l'obéissance à la rêne contraire (puisque le cavalier ne dispose que d'une main, l'autre tenant le maillet), des arrêts et des départs faciles à obtenir et quasi immédiats (utilité, en ce sens, de l'usage de la voix ou du claquement de langue). Demi-tours sur les hanches à toutes les allures et appuyers constituent, en outre, des exercices indispensables.
L'obéissance à la rêne contraire, le maintien de l'impulsion malgré les rênes longues, les virages serrés au galop (sur quelque pied que ce soit), sont les étapes principales jalonnant cette préparation.

Mais le déroulement du jeu nécessite aussi des mises au point : le cheval doit ainsi s'habituer à la tenue du maillet et à son emploi de tous côtés, y compris sous l'encolure et derrière la queue ! Il faut absolument éviter de le heurter et le garnir de toute façon de protections de membres très complètes. Il faut ensuite faire l'apprentissage à la boule ; il peut débuter avec un ballon, et doit correspondre à certains principes. Malgré le geste et le bruit, la frappe de la balle ne doit jamais correspondre à un ralentissement ou à un arrêt, mais au contraire à une accélération ; et le cheval doit suivre une ligne droite, tout à fait indépendamment de la trajectoire de la boule !

Le cavalier et l'équipement

Avant de penser à dresser le cheval, encore faut-il savoir jouer. Le polo réclame coup d'œil, adresse et force, ainsi qu'un bon niveau d'équitation. Le joueur débutant peut apprendre sur un cheval de bois, devant un dispositif en filet qui lui renverra la balle. Sous la surveillance d'un moniteur, il apprendra à frapper la balle correctement, avec le centre de la tête du maillet, au tiers inférieur de la boule qui ainsi sera soulevée. Le maillet doit frapper lorsque la balle arrive juste sous l'épaule du cavalier. Les coups droits correspondent à des moulinets dans le sens des aiguilles d'une montre, vers l'avant (à droite) ou vers l'arrière (à gauche), tandis que les revers se tapent dans le sens inverse des aiguilles d'une montre. Comme cela était précisé plus haut, un gaucher n'est accepté en match qu'à partir d'un handicap 4. L'ensemble du

geste (le *swing*) doit être poursuivi vers le haut avant d'amortir le mouvement, comme au golf.
Lorsque le débutant possède toute cette technique en « simulation », il aura à se perfectionner en pratique avec un « maître d'école » qui ne s'effraiera pas de ses maladresses. Car pour que le coup de maillet ne blesse pas, par répercussion, la bouche du cheval, il faut une parfaite indépendance des aides — et savoir monter rênes longues, assis dans la selle, les étriers longs.

Pour limiter les risques, les chevaux sont « caparaçonnés » : ils ont des bandes protectrices aux membres, ainsi qu'à la queue (pour que le maillet ne s'y accroche pas éventuellement) ; les joueurs portent des genouillères — utiles dans les « contacts » —, des gants, un casque ; ils doivent de plus se présenter en tenue classique, pantalon blanc et bottes fauves, « polo » aux couleurs de leur équipe. Le matériel se compose d'un maillet — formé d'une canne en jonc portant une « tête de frappe » de forme variable —, d'une cravache et d'éperons sans molettes. La balle, elle, est en saule ou en bambou, mesure 8,5 cm de diamètre au maximum et pèse de 120 à 135 grammes.

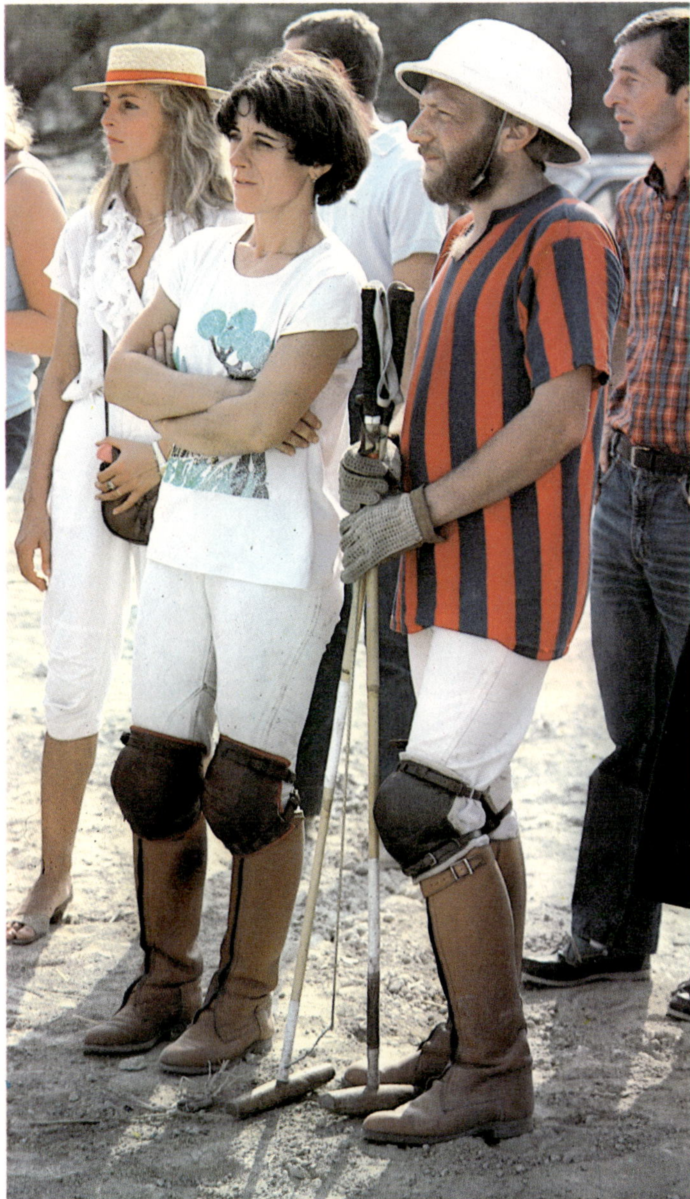

Dérivés du polo

Compte tenu des impératifs financiers du « grand polo », mais de l'attrait incontestable qu'il présente, des formules ont été trouvées dans différents pays pour le rendre plus accessible. Ainsi, en Australie, se joue le polo-cross, sur un terrain plus petit et avec... une balle en caoutchouc et des raquettes à long manche. En Europe, c'est le paddock-polo qui se développe, selon les mêmes règles mais sur un terrain plus petit (115 m × 55 m), donc moins fatigant pour les chevaux, et par équipe de trois. Les maillets sont ceux de polo, mais la balle est en caoutchouc et mesure au maximum 12,5 cm de diamètre. Le paddock-polo en salle reçoit un nom spécial, le « indoor-polo », mais se joue exactement avec les mêmes règles. Les enfants ont leur « junior-polo », toujours selon les mêmes règles, mais avec des terrains proportionnés à la taille des poneys : 40 m × 20 m pour la catégorie A (shetland) et 60 m × 20 m pour la catégorie B. Les C et D s'ébattent sur un terrain normal de paddock-polo.

Les jeux sportifs

Il est imprudent d'appeler certaines activités des « jeux », car leurs participants considèrent ce terme comme péjoratif. Pourtant, il n'y a aucune honte à s'amuser à cheval, pour le simple plaisir, sans esprit de compétition. Il n'y a même que dans cet esprit que l'équitation facilite entre cavalier et monture une complicité calme et sereine. Il faut reconnaître toutefois que les rencontres les plus anciennes de cavaliers ont dû se montrer plutôt agressives. Témoin en est le *bozkachi,* « jeu » d'origine afghane qui consiste pour un cavalier à se saisir de la carcasse d'un chevreau, et à la porter en un point précis malgré ses adversaires qui essaient de la reprendre — par tous les moyens. L'équitation n'a pas le plus beau rôle dans cette coutume, et même si ces cavaliers ont par ailleurs d'excellents contacts avec leurs montures, la brutalité de cet affrontement les entraîne souvent plus loin qu'une lutte purement courtoise.

Jeux du Far West

Les traditions nées d'un travail quotidien conduisent d'ailleurs souvent à faire primer le résultat sur le moyen employé. Le cas du bozkachi est typique, dérivé de la récupération d'un mouton égaré par le gardien du troupeau ; mais les jeux américains le sont aussi, que ce soient les rodéos ou les épreuves de prises de bétail. Deux des cinq épreuves habituelles des réunions du « Far West » découlent directement du travail du ranch. L'une d'elles consiste à attraper un bouvillon au lasso, ce qui exige à la fois dextérité et monture bien dressée. D'autant que celle-ci, lorsque le cavalier saute sur l'animal pour le ligoter, doit stopper sa course en gardant la corde tendue, arc-boutée avec l'extrémité du lasso accrochée au pommeau. Le cow-boy est jugé sur le temps d'exécution de la manœuvre, une fois le veau bien attaché (il ne doit pas se relever avant cinq secondes). Cela rappelle les besoins du marquage des bêtes, qu'il faut coucher le plus rapidement possible.
La deuxième épreuve, considérée chez nous comme le *rodéo* lui-même, est la monte d'un cheval sauvage. La selle utilisée est un peu modifiée par rapport à celle de travail, plus petite et sans pommeau. Le cheval est en simple licol, auquel est attachée une corde. Une fois l'ordre de passage tiré au sort, ainsi que les chevaux, le concurrent se laisse glisser à califourchon dans le couloir de départ. Puis, la longe bien enroulée autour d'une de ses mains, il fait signe d'ouvrir la barrière, et le cheval sort, ruant, sautant, se tortillant comme un beau diable. Le cavalier doit mettre ses éperons à la hauteur des épaules, et les utiliser dès le premier saut. Il doit tenir dix secondes, et sa prestation, ainsi que celle du cheval, est notée de 0 à 25 points par juge. La monte à cru d'un de ces chevaux, la monte d'un taureau et la lutte avec celui-ci sont les trois autres épreuves, toutes dangereuses. Pour le cheval à cru, le temps limite est abaissé à huit secondes. Le taureau qui doit être monté possède néanmoins un surfaix qui permet au cavalier de se tenir un peu ; mais les risques viennent de la charge de l'animal, une fois l'homme désarçonné. Enfin la lutte consiste, pour le cavalier, à se laisser tomber de cheval sur un taureau, et à le renverser sur le côté en le tenant par les cornes et en bloquant ses talons dans le sable.

Le horse-ball est l'un des sports équestres d'équipe le plus pratiqué en France et un championnat réunit chaque année les meilleures équipes régionales.

Plus proche du jeu, on trouve les épreuves de tri du bétail, où ce n'est pas une démonstration directement personnelle qui rentre en jeu, mais la preuve du bon dressage de son cheval, qui fait presque le travail tout seul. Encore plus éloignée du quotidien, mais directement équestre : la *course aux tonneaux,* la seule qui soit pratiquée d'ailleurs dans d'autres pays, comme en France ; il s'agit pour le cheval (ou poney) et son cavalier de partir d'un point donné et de décrire un cercle autour de chacun des tonneaux placés au bout du terrain, avant de revenir. Vitesse, souplesse et maniabilité, voilà les seules composantes — qui se retrouvent dans le jeu des fanions français, où les tonneaux sont remplacés par des balises (les « portes »), qu'il ne faut pas renverser.

Des jeux d'adresse pure dérivent des joutes du Moyen Âge, tel le *jeu des aiguillettes* (très pratiqué en Camargue), qui consiste à arracher des anneaux de 12 cm de diamètre, fixés à des potences, en les enfilant sur une lance tenue par le cavalier (qui doit arriver au galop). Le même jeu a pour variante le remplacement des anneaux par des ballons, qu'il s'agit alors de crever.

Sports d'équipe

Un autre jeu de groupe, toujours présent en Camargue, est le *jeu du bouquet,* que des cavaliers se disputent afin de l'offrir à leur belle. Dans le principe, cela se rapproche du bozkachi — tout en gardant une apparence plus calme. Existent aussi toute une série de jeux de relais, avec passage de témoins, consistant en un gymkhana ou en un petit parcours de cavaletti, chaque faute retirant des points à l'équipe.

Mais il y a surtout des sports d'équipe, qui ne peuvent être appelés « jeux » sans risque de provoquer la fureur de leurs participants. C'est le cas du *horse-ball.* Très codifié, il met en présence deux équipes de 6 (dont 2 de réserve) qui se disputent un ballon (65 cm de circonférence) équipé de six anses permettant son ramassage et son lancer. Des buts sont marqués lorsque cette balle traverse l'un des cercles verticaux (1 m de diamètre) placés à 3,5 m de haut, à chaque extrémité du terrain. Celui-ci mesure 60 à 75 m de long, sur 20 à 30 m de large, selon la taille des montures... et la place disponible. Une zone de sécurité doit être matérialisée sur les grands côtés du terrain. Arbitre, règlement, tenue vestimentaire, tout indique un sport codifié et destiné à la compétition. La partie se déroule en deux périodes de dix minutes, avec trois minutes de repos en mi-temps. Le « panier » ne peut être marqué qu'après trois échanges entre trois équipiers différents de l'équipe attaquante. Des systèmes de « priorité », un peu comme au polo, sont imposés lors des charges — et surveillés par juges et arbitre.

Le *pato lorrain,* d'origine plus ancienne, se rapproche de ces règles, avec toutefois les particularités suivantes : les équipes sont de six et chaque joueur est équipé d'une canne à bout recourbé qui lui permet le ramassage de la balle (identique à celle du horse-ball). Les cercles de 1,25 m de diamètre servant de buts sont à deux mètres de haut.

Ces jeux et sports, très réglementés, sont officialisés pour certains par la Fédération équestre française, qui permet l'organisation d'un championnat de France de jeux équestres. Mais le jeu équestre peut être bien autre chose — à commencer par le simple déguisement, pour un enfant et son poney. Les épreuves déguisées, avec ou sans jeu d'adresse, comme les présentations « à thème », sortes de petites pièces de théâtre en forme de reprises, sont désormais très fréquentes dans les poneys-clubs. Il y a aussi la « chaise musicale » adaptée à l'équitation, avec un tourne-disque (ou un radiocassette), un certain nombre de couples cavaliers-poneys, tournant autour d'autant de bottes de paille, moins une. Celui qui, après être descendu à l'arrêt de la musique et avoir couru avec son cheval vers le centre, n'a pas de siège est éliminé. Il sort alors, en emportant une botte afin qu'il y en ait toujours une de moins que de concurrents.

Il y a enfin tous les « rallyes », jeux de piste, etc., qui peuvent être transposés et multipliés quant à l'intérêt, par la possibilité de les faire à cheval ou à poney.
Pour ces dernières réalisations, la morphologie de la monture importe peu. Seul compte son caractère, doux et patient, qui doit permettre au cavalier de ne pas avoir à se tenir trop sur ses gardes. La décontraction totale, si elle n'est jamais conseillée en équitation, peut toutefois être approchée lorsque les circonstances jouent également en faveur du plaisir du poney, car lui aussi s'amuse. Attention seulement à ce qu'un congénère moins bien disposé ne déclenche une série de coups de pied. Toutefois, goûter de temps en temps au jeu augmente encore le plaisir d'être avec son cheval et la complicité qui peut déjà exister.

Extraits du règlement polo

A.1 — À tout moment du jeu, il existe un droit de passage pour chaque joueur, devant lui, dans la direction de son déplacement. Ce droit de passage ne doit pas être confondu avec la ligne de la balle (projection sur le sol de la trajectoire de la balle, à quelque moment que ce soit) et ne dépend pas du joueur qui a frappé la balle en dernier. Aucun joueur ne peut prendre le pas sur un autre joueur, ou croiser sa ligne de passage, excepté à une distance telle qu'il ne puisse y avoir le moindre risque de collision, ou la moindre gêne causée au coup que ce joueur pourrait porter à la balle. Le joueur qui ne bénéficie pas d'un droit de passage doit s'écarter immédiatement de celui qui en dispose.

A.2 — Le droit de passage donne au joueur l'obligation de frapper la balle à sa droite. Si le joueur se place pour frapper la balle à sa gauche et, de cette façon, gêne ou met en danger un autre joueur qui, sans cela, aurait eu la place, il perd automatiquement son droit de passage et doit céder la place à cet autre joueur.

B.5 — Quand aucun joueur ne suit la ligne de la balle, la priorité de passage appartient au joueur dont la ligne de marche fait le plus petit angle avec la ligne de la balle.

C.1 — Quand deux ou plusieurs joueurs galopent dans des directions différentes, de telle façon que cela entraîne le moindre risque de collision, ils doivent céder le passage à celui ou à ceux des joueurs qui ont la priorité de passage, conformément au paragraphe B.5.

C.2 — Quand un joueur est sur le point d'acquérir la priorité de passage, conformément au paragraphe B.5, mais qu'il sent qu'il y a peut-être un risque de collision, il doit se retirer et céder le passage. Cependant, s'il réussit à acquérir la priorité sans aucun danger et ne ralentit pas, l'adversaire à qui il a pris la priorité de passage n'est pas autorisé à le heurter par-derrière, mais doit s'écarter.

C.3 — Aucun joueur ne peut ralentir, s'arrêter, passer sur ou à travers la ligne de marche d'un autre joueur qui a la priorité de passage si, en agissant de la sorte, il risque d'entrer en collision avec ce joueur.

Les courses

Les courses intéressent, chaque jour, des millions de spectateurs dans le monde entier. L'intérêt du jeu y est certainement pour quelque chose, et pourtant la « chance » pure n'attire pas autant de gens sous les formes de la Loterie ou du Loto : le spectacle équestre est donc incontestablement aussi prisé pour lui-même. L'univers particulier qu'il représente, avec ses propriétaires, ses entraîneurs, ses jockeys, inaccessible pour les chevaux de galop et pourtant si proche avec les trotteurs, est sans doute un rêve quotidien dans lequel le gain d'argent n'a plus guère de place. Et, qu'ils soient riches ou pauvres, le même frisson prend les turfistes lorsqu'un pur-sang valant plusieurs centaines de milliers de francs prend la tête du peloton, ou lorsqu'un rustique cheval normand, attelé de son sulky, va battre les Américains chez eux.

Le monde du galop

Si l'on excepte des traditions régionales de courses plates réservées à certaines races (comme pour l'anglo-arabe dans le sud-ouest de la France), le monde du galop est celui du pur-sang anglais. En fait, il est même difficile de savoir si cette race a été créée pour les courses ou les courses pour elle.

Car si, de tout temps, des luttes de vitesse à cheval étaient au programme des réjouissances populaires, en Grèce, à Rome, en Gaule, elles ne supplantèrent les joutes armées que vers le XVe siècle. Encore n'étaient-elles pas réellement codifiées et ressemblaient-elles à des « marathons » équestres d'une quarantaine de kilomètres, ouverts à tous. Il faut attendre Louis XIV, en France, et Charles II d'Angleterre pour voir apparaître des rencontres plus réglementées, séparant par exemple les montures en catégories selon le sexe et l'âge. Il faut reconnaître que la passion du souverain anglais, qui montait lui-même en épreuves, fit prendre nettement de l'avance au *turf* d'outre-Manche.

Les grandes courses

Ainsi fut inauguré le premier « champ de courses » digne de ce nom, à Newmarket (Suffolk), à l'emplacement d'un rendez-vous de chasse royale.

Sur cette lancée, et la cour montrant toujours l'exemple, cette discipline prit de l'ampleur, et bientôt un autre centre fut créé, celui d'Ascot ; c'est Anne Stuart en personne qui y présida, et son ouverture coïncida avec le début des premiers « pur-sang » en 1711.

Avec la mise en place de pistes et celle d'un élevage de galopeurs, il ne manquait plus que l'instauration d'une autorité pouvant diriger ces activités : ainsi naquit le toujours jeune et dynamique Jockey-Club qui préside aux destinées des courses et des chevaux anglais depuis plus de deux cent cinquante ans ! Puis le mouvement ne fit que s'amplifier et apparurent les réunions aux grands noms qui résonnent encore aujourd'hui dans les palmarès mondiaux : le *Saint-Léger,* couru pour la première fois à Doncaster en 1776 ; les *Oaks* en 1779 et le *Derby* à Epsom en 1780 ; les *1 000* et *2 000 Guinées* de Newmarket, après 1810. En moins d'un siècle, toute l'infrastructure, toujours actuelle, des courses anglaises était en place. Elle allait servir d'exemple au monde entier.

En France, il n'existera jusqu'au XIXe siècle que des rencontres locales, baptisées d'ailleurs « départementales » sous le premier Empire, et donnant lieu à la première « finale nationale », à Paris en 1805. C'est la Restauration, et le séjour sur le continent de lords anglais trop « mordus » pour abandonner leur passion, qui fit découvrir aux Français à la fois les courses et le pur-sang. Car celui-ci fut importé avec entraîneur, lad et jockey. L'institution elle-même suivit, et en 1833, le Jockey-Club vit le jour sur le modèle de son cousin britannique, pour gérer les réunions encore à leurs débuts. Vint ensuite la Société d'encouragement pour l'amélioration des races de chevaux en France, qui prit en main la destinée du pur-sang anglais — toujours dénommé ainsi, même si sa naissance, son élevage et son entraînement en font un produit bien français. Les progrès furent alors rapides, et des hippodromes toujours renommés comme Chantilly, Longchamp, Deauville, connurent leurs « premières » avec le prix de Diane, la Poule d'essai, le Grand Prix de Paris. Quelques années plus tard, le « vengeur de Waterloo », le fameux *Gladiateur,* allait battre ses rivaux sur leur propre terrain, en remportant le trophée de la *Triple Couronne,* soit le 2000 Guinées, le Derby d'Epsom et le Saint-Léger. Il remporta également le Grand Prix de Paris l'année suivante, et sa statue garde toujours l'entrée de l'hippodrome de Longchamp.

Aux États-Unis, la passion pour la vitesse prit naissance dès le XVIIe siècle. Comme les chevaux autochtones, descendants de ceux importés par les Espagnols, n'apportaient pas grande satisfaction à ce propos (si ce n'est le quarter horse, développé justement pour ses démarrages foudroyants dans des courses d'un quart de mile — d'où son nom), les colons de Nouvelle-Angleterre ne tardèrent pas à faire venir de la mère patrie ces chevaux qui commençaient à avoir tant de prestige outre-Atlantique. C'est ainsi que de bons géniteurs furent importés, et que pour cet élevage récent furent créés des champs de courses, dont le premier, à Long Island, fut nommé... Newmarket.

Cet hommage au premier centre de courses anglais fut sans doute bénéfique, et après une période difficile durant la guerre de Sécession, les pur-sang anglais d'Amérique, bénéficiant de nombreux apports de reproducteurs achetés dans leur pays d'origine, allaient devenir d'excellents chevaux. Pour eux seront créées des rencontres comme la *Triple Couronne américaine* (le *Belmont* en 1867, les *Preakness* en 1873, le *Kentucky Derby* en 1875), sur des pistes très soigneusement aménagées. Pourtant, une circonstance allait pratiquement annuler tous ces efforts : le jeu (apparu en France avec le pari mutuel sur hippodrome en 1891, le P. M. U. — pari mutuel urbain —, en dehors des champs de courses, n'étant créé qu'en 1931) fut introduit aux États-Unis sans grande législation et entraîna bientôt son cortège de courses truquées, de dopage, de fausse identité des participants. La réaction fut brutale et, au début du XXe siècle, les courses n'étaient plus autorisées que dans deux États, le Maryland et le Kentucky. C'est une idée française, la « machine totalisatrice », qui sauva la galop américain en « remplaçant » officiellement les bookmakers. L'ascension du turf d'outre-mer reprit, pour aboutir aujourd'hui à la production d'excellents éléments, toujours au coude à coude, dans les grandes rencontres, avec leurs cousins anglais ou français.

Ci-contre et pages suivantes : du bon (ou mauvais) départ que prennent le jockey et son cheval dépend ensuite la place dans le peloton, et, souvent, l'issue de la course !

7

5

Les grands chevaux

Revenons un peu sur l'histoire des trois «fondateurs» de la race du pur-sang anglais. Le premier arriva en Angleterre en 1689, ramené par son propriétaire, le colonel Byerley, qui lui donna son nom. Ce cheval arabe-barbe avait été capturé à la bataille de Buda, contre les Turcs, et le colonel le monta plusieurs années comme cheval de guerre avant de quitter l'armée. Une fois revenu dans son pays, il fit de *Byerley Turk* un étalon modeste qui serait peut-être passé inaperçu sans la carrière exceptionnelle de son arrière-arrière-petit-fils, *Herod,* pur-sang aux nombreux succès en courses, et surtout géniteur des vainqueurs de plus de 1 000 épreuves. L'un de ceux-ci, *Highflyer,* est resté lié à l'histoire des courses anglaises pour avoir été la source de la fortune de Richard Tattersall, l'homme qui fonda, avec cet argent, une firme de ventes aux enchères désormais célèbre, ainsi que les ventes de Newmarket.

Darley Arabian fut envoyé en Angleterre en 1705, par Thomas Darley, alors consul en Syrie. L'étalon fut aussitôt remarqué par l'intermédiaire de l'un de ses fils, *Flying Childers,* brillant cheval de course, puis resta dans les annales pour avoir été l'arrière-arrière-grand-père (lui aussi) du fameux *Eclipse.* Six ans après *Herod, Eclipse* (qui doit son nom à l'éclipse qui eut lieu le jour de sa naissance, le 1er avril 1764) fut élevé par le duc de Cumberland, et bien élevé, puisqu'il remporta 26 courses sur 26 participations. De plus, il se permit souvent de laisser ses concurrents à plus de... 200 m derrière lui. Comme étalon, il engendra près de 350 gagnants; son descendant le plus célèbre est *Saint-Simon,* tête de liste des étalons gagnants en Angleterre durant neuf ans (1890 à 1896 inclus, 1900 et 1901), et ancêtre lui-même de *Ribot,* gagnant de 16 courses sur 16, dont deux prix de l'Arc-de-Triomphe.
Quant à *Godolphin Arabian,* tout le monde connaît son histoire romancée, et personne ne sait si elle est vraie. Un poulain élevé au Maroc fut effectivement offert par le sultan à Louis XIV, puis délaissé pour son caractère trop volontaire; mais est-ce bien lui que Edward Coke put acheter et envoyer en Angleterre en 1728? À ce moment-là, avait-il vraiment été vendu à un marchand dont il tirait le chariot dans les rues de Paris? La suite de son odyssée, invérifiable à présent, n'est pas moins fabuleuse : utilisé comme «souffleur» au haras de lord Godolphin, il réussit à dépasser son rôle et à saillir une belle jument, en lieu et place de l'étalon officiel. Le produit étant, en fait, tout à fait réussi, il devint à son tour reproducteur en titre, et l'un de ses petits-fils fut le très bon *Matchem.*

Une bonne lignée, issue de celui-ci, prospère aux États-Unis, représentée par un élément remarquable sur les champs de courses comme au haras, *Man O'War.* Très populaire dans les années vingt, ce dernier avait été surnommé «*Big Red*».

Dès le milieu du XIXe siècle, les théories sur l'élevage se multiplièrent. Avec le petit nombre et la connaissance des origines de ces chevaux de courses, jugés dès cinq ans sur le terrain, avant de reproduire eux-mêmes, les premiers essais «génétiques» étaient faciles. Très vite, la mode était venue de «croiser le meilleur avec le meilleur». Puis, cette pratique fut affinée par l'attribution de coefficients, selon la longueur des courses considérées par exemple. Le colonel J. Vuillier établit ainsi une méthode de «dosage de sangs» qui pouvait remonter sur douze générations. Il fut engagé d'ailleurs comme manager par l'Agha Khān, un des plus éminents éleveurs et propriétaires de chevaux de courses du XXe siècle. Un autre exemple de la justesse de ces théories est donné par la descendance de *Nearco.* Brillant vainqueur lui-même, il fut surtout, durant quinze ans, l'un des dix meilleurs géniteurs anglais. Il faut remarquer qu'il a lui-même quatre courants de sang de *Saint-Simon* dans son ascendance, et que son fils *Nasrullah* fut un reproducteur hors pair, notamment avec la naissance de *Secrétariat.*
En 1976, un poulain alezan, qui n'a encore jamais couru, est vendu 1 500 000 dollars lors d'une vente au Kentucky. Pourquoi? Parce qu'il est fils de *Secrétariat* et de *Charming Alibi* (mère de *Dalhia*). Voilà où ont abouti les études des «courants de sang». *Secrétariat,* qui avait gagné 1 316 808 dollars en courses avant d'entrer aux Haras, descendait lui-même de *Nearco,* comme *Nijinsky, Mill Reef, Roberto,* tous excellents chevaux élevés en Amérique. Le tout jeune cheval d'un an, vendu en 1976, avait donc toutes les chances de devenir un très grand crack. Pourquoi l'élevage américain — bien que très supérieur en nombre aux productions anglaise, italienne et française réunies — ne s'impose-t-il pas alors plus souvent en Europe? Même le très célèbre *Nijinsky* fut battu par notre *Sassafras* en 1970. Il semble en fait qu'intervienne la prédilection des Américains pour les courses de «vitesse», courtes (1 400-1 600 m), qui conditionnent tout l'entraînement de leurs champions; en France, l'accent est mis plutôt sur l'«endurance», la course de fond, qui correspond d'ailleurs à nos «classiques» de 2 400 m ou même à des pistes de 3 000 m.

Ci-contre : un galopeur en pleine action, près du poteau!
Pages suivantes : après l'entraînement du matin, les chevaux, chaudement recouverts, regagnent leur écurie tenus en main.

Le cheval de course

La carrière du pur-sang peut donc se décider avant sa naissance, s'il est acheté pour ses origines. Pourtant, le poulain de l'année sera laissé tranquille, et c'est vers dix-huit mois, à la fin de son année de *yearling,* qu'il partira pour le débourrage et l'entraînement. Vers 1780, une mode avait conduit à faire courir les chevaux de deux ans, et même ceux d'un an. Mais il était vite apparu que cela compromettait irrémédiablement la santé du jeune pur-sang, et ce sont les épreuves de trois-ans qui sont devenues la référence pour la poursuite d'une carrière de courses. À deux ans, le jeune pur-sang est donc déjà débourré, habitué au harnachement et aux soins divers qui lui seront prodigués durant toute sa carrière. Il est alors confié à un lad particulier qui le monte aux trois allures et lui enseigne les rudiments du travail, avant la première sortie sur les pistes d'entraînement. Pour celle-ci, tous les deux-ans sont placés en file indienne, en tête de laquelle marche un «vieux routier» dont le calme sera censé les apaiser. Chaque matin, ils partiront donc ainsi sur les chemins de sable, travaillant leurs muscles et leur souffle au galop ralenti.

La différence d'entraînement entre les États-Unis et l'Europe tient en ces quelques heures, la répétition de petits temps de galop rapide forgeant des chevaux meilleurs sur courtes distances, outre-Atlantique, tandis qu'en France, c'est un travail d'endurance qui est fourni. Bien évidemment, cela dépend aussi des capacités de la monture, aussi les chevaux vont-ils être bientôt divisés en «lots», non plus exactement par âge, mais par force égale.
Les courses de deux-ans viendront préciser la valeur de chacun, et pour les préparer, puis pour améliorer les résultats, chaque deux-ans sera donc travaillé selon ses particularités, au sein d'un groupe assez homogène. De 1 600 m (distance maximale pour les deux-ans) à 3 100 m (maximum pour les trois-ans), les chevaux devront «s'imposer», les «tardifs» rattrapant les «précoces» (les poulains nés en mai ont quatre mois de retard, physiquement, sur ceux nés en février, et ceci ne s'atténuera que vers trente mois). Selon les aptitudes qui se révéleront alors, ils seront engagés dans des courses de province ou mériteront les grandes «classiques». Par manque de pointe de vitesse, ou par manifestation d'un bon coup de saut, certains sont orientés vers l'obstacle; mais ils devront s'entraîner plusieurs années en courses de haies avant d'aborder (généralement à cinq ans), les grands steeple-chases.

Les coureurs de plat, eux, vont donc connaître deux ou trois saisons d'hippodromes avant d'entrer dans un haras où ils deviendront reproducteurs, plus ou moins « cotés » selon leurs victoires. Ils arrêtent en effet les courses au moment où leurs cousins de steeple les commencent, car, paradoxalement, le plat est beaucoup plus éprouvant que l'obstacle : le train (la vitesse) y est beaucoup plus rapide et entraîne une usure générale de l'organisme plus importante. De plus, les chutes sont ainsi généralement plus graves. Mais la morphologie, contrairement à ce qui est couramment admis, n'est pas un critère de sélection pour l'obstacle plutôt que pour le plat ; il est sûr qu'un jockey de steeple peut peser jusqu'à 60 kg contre 54 pour le plat — et cela compte —, mais des chevaux de « vitesse » (spécialistes du 1 600 m) peuvent devenir de bons sauteurs. C'est essentiellement la technique qui diffère : le cavalier chausse moins court, ne reste pas en perpétuelle position de recherche de vitesse, et le cheval peut « respirer » avant chaque saut. En revanche, sur 1 600 m, le jockey est toujours penché en avant du centre de gravité pour entraîner en permanence le cheval à sa vitesse maximale.

Si ces remarques donnent l'impression d'une méthode, d'un programme « universel », il est bien évident qu'en fait chaque individu de l'espèce équine (et peut-être surtout le pur-sang anglais, émotif et nerveux) a son caractère propre, et que la généralisation n'est valable que dans ses grandes lignes. Ainsi, tel cheval court mieux lorsqu'il fait chaud, ou au contraire par temps frais ; tel autre préfère le terrain « lourd » (dans lequel les sabots s'enfoncent parce qu'il est humide), un autre le sol dur. Enfin interviennent la distance, l'âge, le poids porté. La période de l'année (d'où la mode, il y a quelques années, de l'étude des biorythmes) et le nombre des adversaires peuvent également avoir leur influence sur la course d'un crack. Qu'ils soient psychologiques ou à base physique, ces traits caractéristiques d'un champion peuvent se transmettre à sa descendance, s'il est devenu étalon : ainsi, les produits de *Taine* apprécient-ils comme lui le terrain plutôt lourd, alors que ceux de *Ribot* préfèrent le terrain léger.

Quelques hippodromes de renom

Le plat se court, en France, entre autres à Longchamp, Chantilly, Deauville. On y retrouve les grandes « classiques » comme le prix de l'Arc-de-Triomphe, pour trois-ans et plus, sur 2 400 m (Longchamp), et le prix du Jockey-Club (trois-ans, 2 400 m, Chantilly) ; mais se déroulent aussi des rencontres particulières, comme le prix du Cadran à Longchamp qui se court sur 4 000 m, pour les quatre-ans et plus. Deauville est spécialisé dans les courses à « handicap » : celui-ci est un système de surcharge du cheval en fonction de ses victoires précédentes. Inventé en 1791 par sir Bunbury, président du Jockey-Club anglais, le handicap semble très précis puisqu'il est admis qu'un poids supplémentaire d'un kilo fait perdre, à la fin d'une course de 1 600 m, une « longueur » à un cheval. Rappelons que la « longueur » correspond traditionnellement à la longueur du cheval : lorsqu'il gagne avec le suivant juste derrière lui, il gagne de sa « longueur » ; si le suivant est à une distance qui permettrait d'intercaler un cheval entre eux, le premier gagne d'une « longueur » supplémentaire, donc de deux en tout, etc. Les subdivisions sont la « demi-longueur » (le bout du nez du deuxième est au niveau du cavalier du premier), l'« encolure », la « tête », le « nez » ; dans ce dernier cas, il y a toujours recours à la photographie d'arrivée, dont le cliché permet de départager les chevaux arrivés presque ensemble.

En haut : le jockey et son casque réglementaire recouvert de la toque aux couleurs de l'écurie.
En bas : les brumes du petit matin se mêlent à la vapeur montant du dos des chevaux.

L'obstacle

Les courses d'obstacles, si elles sont moins dangereuses qu'il n'y paraît pour les chevaux, sont néanmoins très spectaculaires. Elles comprennent les « courses de haies » et les steeple-chases. Les premières, qui servent à donner de l'expérience aux jeunes sauteurs, ne comportent qu'un seul type d'obstacle, constitué d'une haie de 1,10 m de large, ne dépassant pas 1,20 m de haut ; la barre qui maintient les arbustes solidaires n'est qu'à 0,50 m du sol, ce qui permet aux montures de traverser la partie supérieure feuillue (on dit qu'elles « broussent »). Sur 2 500 m de parcours, il y a sept haies, et une supplémentaire par 300 m de distance en plus. Les steeple-chases, eux, sont au moins de 3 000 m, avec huit obstacles dont quatre (minimum) différents. De manière générale, ce sont des haies barrées (1,15 m de haut, avec une barrière devant et une derrière, soit une largeur de 1,70 m), un *bull-finch* (butte de terre encadrée et surmontée de petites haies, soit 1,35 m de haut sur 2 m de large), un *oxer* (fossé avec des haies de 0,75 m devant et derrière sur une largeur totale de plus de 3 m), un *open-ditch* (fossé de 0,60 m suivi d'une haie de 1,30 m). Certains, plus impressionnants que les autres, sont célèbres dans le monde entier, comme le *Beecher's Brook* de l'hippodrome d'Aintree, où se court le grand steeple de Liverpool : il se compose d'une butte de 0,60 m de contre-haut lorsqu'on arrive dessus, mais qui se descend par un contre-bas de 1,60 m provoquant des bonds spectaculaires. La rivière d'Auteuil (4,40 m de large) est également renommée, avec sa haie devant (haute de 1 m) qui oblige les chevaux à sauter près de 6 m en largeur. C'est sur cet hippodrome que se déroulent le prix du Président-de-la-République (4 700 m) et le Grand Steeple-Chase de Paris (6 500 m) pour chevaux de cinq ans et plus, ainsi que la Grande Course de haies (4 100 m). Mais il y a aussi beaucoup de réunions d'obstacles à Enghien.

Les jockeys

Lorsque le mot « jockey » est prononcé, un nom vient presque aussitôt à l'esprit : Yves Saint-Martin ; puis un autre, celui de Freddy Head. Car être jockey, ce n'est pas seulement faire le poids (au sens de ne pas dépasser les limites draconiennes des 54 kg pour le plat et 60 kg pour l'obstacle) ; les victoires aux Grands Prix de ces dernières années (et le nombre de cravaches d'or) désignent finalement presque toujours les cavaliers d'expérience. Il est bien évident que c'est à eux que sont proposés les meilleurs chevaux et qu'en conséquence, ils ont plus de chances de gagner que les autres. Pourtant, il y a beaucoup de très grands chevaux et peu de jockeys qui se font connaître mondialement ; c'est leur régularité et la durée de leur carrière qui sont seules gardiennes de leur renommée. Le travail est long et indispensable — le « don » n'étant jamais durable sans apprentissage. Aimer le cheval, le sentir, est au départ la condition essentielle ; mais il faut ensuite savoir monter finement et obéir aux instructions de l'entraîneur ; il faut enfin avoir le sens de la course et savoir « interpréter », prendre la responsabilité d'une décision immédiate — parfois contradictoire aux ordres — si elle est dans l'intérêt du cheval et de sa victoire ! Aucune course ne ressemble à une autre, et c'est des leçons de toutes que naît l'expérience, pour qui sait en profiter. Connaître la dénivelée d'une piste, la courbe suivante qui est plus ou moins régulière, le terrain souple ou dur selon le temps, tout cela doit intervenir dans la « tactique », autant que les adversaires, le numéro tiré au sort qui donne une place plus ou moins près de la corde (intérieur de la piste), le départ dans les boîtes ou aux élastiques. Enfin, le jockey sera

Ci-contre : les élégantes sont nombreuses sur les hippodromes, notamment dans l'enceinte de pesage.
Pages suivantes : le saut de la rivière des tribunes, à Auteuil.

9

seul à juger du moment où, selon ce qui a été convenu avant, il devra attendre, ou bien « pousser » une pointe de vitesse pour franchir le « poteau », cette fameuse marque de la ligne d'arrivée, en vainqueur.

Le monde du trot

Le galop n'a en fait jamais été l'allure la plus utilisée en équitation ; dès qu'il s'agissait d'aller loin « en ménageant sa monture », c'est le trot et l'amble qui étaient choisis. Ces deux allures sont toutes deux simples, équilibrées puisque constituées des posers successifs de deux « bipèdes », c'est-à-dire de deux pieds à la fois : pour le trot, c'est le membre antérieur droit et le membre postérieur gauche qui se posent ensemble (puis l'antérieur gauche et le postérieur droit) ; tandis que pour l'amble, c'est l'antérieur et le postérieur du même côté qui sont associés.
Ces allures à deux temps, du fait de leur symétrie, sont peu fatigantes pour le cheval. L'amble surtout, qui lui évite de se « marcher sur les pieds » (comme au trot, où le postérieur, s'il se pose avant que l'antérieur du même côté ne se soit relevé, peut le frapper et occasionner une blessure), peut être plus rapide. Le mouvement de dos qu'il provoque, un peu surprenant à grande vitesse par son « roulis » est également confortable pour le cavalier, et les montures d'amazones qui « amblaient » étaient autrefois fort recherchées. Mais cette allure est moins « naturelle » que le trot, et peu de chevaux l'utilisent sans un apprentissage particulier. Le trot fut donc de tout temps l'allure « de trajet » la plus courante.

Les élevages d'attelage

C'est dans les brancards surtout que les chevaux avaient à prouver leur valeur au trot. Diligences, malles-poste, tous ces services nécessitant à la fois force de traction et vitesse furent les premiers à « sélectionner » les meilleurs trotteurs. Parmi les traits légers (les chevaux lourds n'ayant évidemment pas la rapidité nécessaire), le corlay breton et le norfolk anglais se détachèrent bientôt du lot. Mais rien ne fut fait pour améliorer leurs dispositions naturelles jusqu'à ce que le comte Orlov, noble russe passionné de courses de traîneaux, imagine d'apporter aux juments hollandaises, qui lui plaisaient déjà par leur allure, du « sang anglais » en les faisant saillir par des pur-sang. Les produits furent ensuite choisis sur leur vitesse, et à leur tour croisés entre eux pour les plus rapides, ou avec un pur-sang.
Ainsi naquit la race des trotteurs Orlov, vers 1770. En Amérique, un phénomène similaire se produisit, conduisant (à partir du norfolk anglais et de chevaux autochtones) au morgan et au standarbred. Il faut attendre 1830, en France, pour que des reproducteurs norfolk et orlov viennent mêler leurs qualités à celles de juments normandes, et avec quelques apports de pur-sang anglais naquit l'anglo-normand. Les premières courses organisées pour les trotteurs ont lieu à Cherbourg en 1836, mais ce n'est qu'en 1864 que fut créée la Société d'encouragement à l'élevage français, qui prend alors en charge l'organisation des réunions de trot.
En 1922 s'est ouvert le *stud-book* du trotteur français, et ce livre généalogique ne reconnaît plus depuis 1951, comme appartenant à cette race, que les produits dont les parents y ont été inscrits avant eux. Désormais, par des croisements réfléchis au sein des lignées établies, et par un entraînement rigoureux, le trotteur français se maintient au tout premier rang mondial de la spécialité.

Le trot attelé exige beaucoup de doigté de la part du driver : de son sulky, et même aidé par l'enrênement particulier du cheval, il ne peut intervenir que par les mains et la voix.

Les courses américaines

L'une des particularités de cette discipline, outre-Atlantique, est l'existence de courses réservées soit aux trotteurs classiques, soit aux ambleurs. Il n'est pas question de les mélanger, puisque l'amble, plus rapide, est considéré comme une « allure supérieure », au même titre que le galop. C'est ainsi qu'un concurrent trotteur, en France, qui est « à la faute », c'est-à-dire qui passe au galop, est « distancé » (rétrogradé au classement) ; il en est de même pour un cheval qui amble dans une course de trot. En Europe, l'amble est même considéré comme une allure défectueuse. Pourtant, il est moins complexe que le trot puisque les membres antérieurs et postérieurs ne risquent pas de se toucher. Au contraire, dans l'allure qui associe les bipèdes diagonaux (antérieur gauche et postérieur droit, antérieur droit et postérieur gauche), le fer postérieur peut blesser le membre antérieur (lui faire des « atteintes ») ; il faut y remédier par la pose de « protections » — guêtres, cloches —, ainsi que par l'emploi de fers légers, en alliage. Il existe même certaines ferrures spéciales qui, par un système de petites surcharges vissées, rééquilibrent le rythme du poser des pieds en alourdissant légèrement un pied par rapport à l'autre.
De toute façon, en course, l'allure est si poussée que le cheval introduit souvent un temps de « suspension » durant lequel les quatre membres sont au-dessus du sol, entre deux « battues » successives : c'est le trot volant *(flying trot)* ou l'amble sauté *(pacer),* selon l'allure de base.

L'entraînement spécifique

Il est très délicat de demander à un cheval d'aller le plus vite qu'il peut tout en l'empêchant de tomber dans l'allure supérieure qui lui permettrait plus facilement cet accroissement de vitesse. Ainsi, tout l'art de l'entraîneur est de pousser son trotteur au maximum en lui interdisant de galoper. Cela explique les difficultés rencontrées par les cavaliers amateurs qui, ayant racheté un trotteur parce qu'il n'était pas suffisamment rapide en course, essayent de lui « réapprendre » le galop. (Toutefois, par la suite, la monture deviendra presque à coup sûr un excellent cheval de selle.)
L'équilibre du jeune cheval au trot très allongé, à l'entraînement, est souvent maintenu à l'aide de toute une série d'enrênements, qui l'obligent à lever la tête et donc à ne pas « plonger » sur une épaule pour prendre le galop. Les protections sont mises presque systématiquement, pour éviter les blessures, et la ferrure est étudiée soigneusement, du fer en alliage à surcharge variable au « fer » plastique qui allège le sabot et amoindrit les atteintes. Le même problème d'équilibre fera que certains chevaux rendront beaucoup mieux au trot monté qu'au trot attelé, malgré une perte de vitesse, puisque la charge répartie différemment pourra intervenir plus directement sur son centre de gravité afin de maintenir la régularité d'allure.

L'entraînement commence à deux ans, en France, et, pour être accepté en course, un trotteur doit satisfaire à certaines exigences de vitesse durant les épreuves de sélection. Celles-ci peuvent s'effectuer au trot monté ou au trot attelé, à deux, trois ou quatre ans. Les temps limites sont les suivants :

— à deux ans, le kilomètre attelé en 1 min 25 s ou monté en 1 min 26 s ;
— à trois ans, le kilomètre attelé en 1 min 24 s ou monté en 1 min 25 s ;
— à quatre ans, le kilomètre attelé en 1 min 21 s ou monté en 1 min 22 s.

Pour le trot monté, le poids porté varie avec l'âge : 55 kg à deux ans, 60 kg à trois ans, 63 kg à quatre ans et 67 kg au-delà. En revanche, au trot attelé, les handicaps, selon les victoires, se font en « rendement de distance », le départ ayant lieu avec 25 m de retard (ou 50, ou 75, selon la valeur du cheval) sur le gros du peloton, pour les prix « de série ». Quelques petits handicaps peuvent toutefois n'intervenir que pour 12 ou 13 m, et même, dans les classiques, tous les concurrents peuvent partir sur la même ligne.
Le poids n'étant pas aussi limité au trot attelé qu'en course plate de galop, les entraîneurs sont souvent également les drivers, comme les frères Gougeon. Cela évite les « ordres intermédiaires » entre directeur et jockey, et permet à l'entraîneur-driver de juger immédiatement de la modification à apporter dans la préparation ou dans le harnachement à la suite d'une course — ou d'évaluer ses chances de gagner un prix de série avec un handicap important. Le record des rendements de distance revient à *Uranie* qui, après avoir gagné le prix d'Amérique en 1926 et 1927, le remporta en 1928 malgré un départ... 100 m derrière ses concurrents !
Pour les trois-ans, les principales réunions françaises sont le *Critérium* (attelé) et le *prix de Vincennes* (monté) sur 2 600 m ; pour les quatre-ans, le *Critérium* (attelé) et le *prix du Président-de-la-République* (monté), toujours à Vincennes, sur 2 800 m ; les grandes épreuves internationales pour tous chevaux (quatre à dix ans) sont constituées du *prix Cornulier* (monté, 2 600 m), du *prix d'Amérique* (attelé, 2 600 m) du *prix de France* (attelé, 2 250 m) et du *prix de Paris* (attelé, 3 150 m).

Des noms dans nos mémoires

Les dominations françaises dans les courses de trot mondiales ont mis en mémoire les noms de *Roquépine* (3 victoires au prix d'Amérique, en 1966, 1967, 1968), de *Tidalium Pelo* (prix d'Amérique, en 1971, 1972, attelé, prix Cornulier, en 1972), de *Bellino II* (prix d'Amérique et prix Cornulier en 1975, prix d'Amérique en 1976 et 1977) ; *Une de Mai* et *Idéal du Gazeau* furent plusieurs fois champions du monde, aux États-Unis, et *Jorky* est depuis deux ans le « Poulidor » d'*Idéal,* devançant avec lui tous les concurrents étrangers.
La suprématie du trotteur français vient sans aucun doute en grande partie de son entraînement au trot monté, spécialité uniquement française et qui, depuis des générations, favorise les lignées solides qui ont de l'endurance en plus de leur vitesse. L'élevage et la préparation en ont fait le meilleur trotteur mondial, et sa longévité, prouvée par l'âge avancé des grands champions (jusqu'à dix ans) et leur forme au haras (souvent reproducteurs jusqu'à vingt-cinq ans), le rend très populaire puisqu'il apparaît sur la scène internationale plusieurs années de suite. Ce cheval « rustique » introduit donc une nouvelle dimension dans le monde des courses : moins délicat qu'un pur-sang, moins cher aussi, il paraît plus à la portée de chacun et devient d'autant plus sympathique. Avec le trotteur, un cavalier de club peut découvrir une passion pour les courses, un groupement de commerçants peut l'acheter et le faire entraîner (comme *Idéal du Gazeau*) : l'inaccessible est devenu quotidien, le rêve est à portée de la main. Le trot a démythifié le monde des courses.

Les records

Saut en hauteur

2,47 m, *Huaso,* monté par le capitaine Alberto Larraguibel Morales, Chilien, le 5 février 1949. En France, 2,41 m, *Tancarville,* monté par Michel Parot, le 21 octobre 1973.

Saut en largeur

8,40 m, par *Something,* monté par M. Ferreira, Espagne, le 26 avril 1975.

Vitesse

Galop, 1 000 m départ lancé (piste en liège) en 53 s 6.
Trot, 1 000 m départ lancé en 1 min 14 s.

Attelage léger

302,81 km en 24 h (1901).

À la différence des disciplines officielles, les records établis en matière d'endurance et de longues distances parcourues à cheval ne font pas l'objet d'enregistrements précis. Ils sont par ailleurs relatifs et difficilement comparables. Voici pourtant quelques-uns des exploits qui montrent ce qui peut être réalisé en la matière.

Raid

En 1902, un Norvégien, Smith Krelland, parcourt 100 km en 4 h 21 min !

Endurance

En 1968, Bud Dardi gagna aux États-Unis la célèbre Tevis Cup en 11 h 18 min, sur *Pancho,* un hongre possédant un tiers de sang arabe. La performance est remarquable si l'on compare la moyenne réalisée (quelque 15 km/h) et les difficultés géographiques et climatiques que le cheval et le cavalier ont à surmonter sur cette piste de 165 km que certains qualifient d'« enfer ».

Endurance avec relais

Il s'agit là de l'endurance des cavaliers seulement. Vers 1850, toujours aux États-Unis, Felix Aubrey (qui deviendra par la suite un des cavaliers du célèbre Pony Express) parcourt à la suite d'un pari le trajet Santa Fe-Independance en 12 jours d'abord, puis en 8, enfin en 6. La distance entre les deux villes est de 1 300 km !

Voyages

Les performances réalisées par les voyageurs à cheval tiennent plus aux difficultés rencontrées en cours de route (géographie, climat, problèmes d'approvisionnement, etc.) qu'à la distance parcourue ou au temps réalisé. En 1973, les sœurs Coquet effectuent le trajet Paris-Jérusalem, soit 6 000 km. Un peu plus tard, Stéphane Bigo couvre 7 000 km entre la Turquie et l'Afghanistan, tandis que Christian Lile fait

un tour d'Europe de 10 000 km en un an et demi. En 1981-82, Constance Rameaux et Jean-François Ballereau relient l'Argentine à la Colombie à travers les Andes et les déserts du Pérou. Mais la palme en ce domaine revient sans doute au Suisse Tschiffely qui, entre 1925 et 1928, chevaucha de Buenos Aires à New York, parcourant quelque 15 000 km « à travers des régions parmi les plus inhospitalières du globe ». Il s'agit certes là d'exploits tant de la part des chevaux que de celle des hommes. Une question reste pourtant posée : de quoi étaient capables les cavaliers de Napoléon ou ceux de Gengis khān, en matière d'endurance, de déplacements par relais et de longs voyages ? Il est difficile alors de parler de record au sens propre du terme.

8

Avoir son cheval

Tout cavalier rêve, un jour ou l'autre, d'acquérir son cheval, son poney. Vivre avec lui, le soigner, le nourrir, s'en occuper en permanence et non plus (au mieux) deux heures par jour, voilà qui doit renforcer la complicité, la compréhension, le dialogue. Mais, trop souvent, le futur propriétaire, emporté par sa passion, oublie les impératifs matériels et moraux que pose la possession d'une monture. Les soucis de sa santé, le temps important à lui consacrer, le coût de son entretien, tout cela devient très vite des obligations irréalisables si elles n'ont pas été envisagées, acceptées et résolues par avance. Aussi, pour savoir à quoi il s'engage, voici un bref rappel — pas toujours rose — des principes auxquels il devrait se tenir, pour rester raisonnable. Car une passion vécue normalement a beaucoup plus de chance de durer que si elle se heurte constamment à des problèmes, même bassement matériels.

Le choix

Le « coup de foudre », c'est romantique, mais rarement réaliste ; assurément, deux chevaux qui arrivent à égalité dans tous les autres critères de choix pourront être départagés par la « sympathie » qu'ils inspirent. Mais avant tout, il s'agit d'être parfaitement fixé sur vos besoins et vos possibilités, avant de vous mettre en quête d'une monture. Êtes-vous très disponible, ou peu ? Dans le premier cas, et si vous êtes bon cavalier, vous pourrez acheter un jeune cheval, et le travailler au moins une heure par jour, si possible en deux séances ; sinon, vous devrez acheter un cheval déjà formé, qui aura besoin de moins de régularité dans ses sorties. Voulez-vous faire de la compétition ? Alors, de toute façon, jeune ou vieille, votre monture devra être entraînée chaque jour. Avez-vous la place et le temps de l'entretenir chez vous ? Nourrir l'animal, faire le box, le surveiller, tout cela prendra trois heures par jour en plus du travail d'équitation ; si vous ne les avez pas (ou tout simplement ne possédez pas le terrain pour construire l'écurie), vous ne pouvez envisager que de le mettre en pension dans un club — où il pourra être travaillé par quelqu'un d'autre.
Si vous désirez faire du saut d'obstacles, du dressage ou de l'attelage, ce n'est pas le même modèle de monture que vous choisirez, mais celle adaptée aux exigences de chaque discipline *(voir les chapitres correspondants)* ; même pour faire de la promenade, le choix s'impose, celui d'un caractère doux et calme — surtout si vous laissez le cheval à l'écurie toute la semaine, pour ne le sortir que le dimanche : un pur-sang anglais est par exemple à proscrire, alors qu'un selle français ou un trotteur conviendra très bien. Quant au sexe, beaucoup vous conseilleront une jument, qu'il est possible de faire pouliner « au cas où »... Mais avez-vous le pré pour garder la mère et son poulain durant un an, puis le poulain deux ans ? Et surtout, aurez-vous les moyens de nourrir cette bouche supplémentaire ? À toutes ces questions, vous répondrez sans doute « c'est lui que je veux », et le choix s'arrêtera peut-être là. Est-il possible de raisonner une passion ?

L'achat

Si les chevaux ont connu une période noire après la guerre, la race des maquignons, elle, n'a pas dû souffrir, et est plus florissante que jamais. Marchands patentés, professionnels d'équitation et éleveurs ne sont en effet malheureusement pas tous aussi consciencieux que notre confiance envers les « hommes de chevaux » aimerait nous le laisser croire. Aussi les quelques règles exposées devraient-elles être appliquées systématiquement, quels que soient le prix, le lieu, le cheval et la personne considérés. Vous pouvez acheter aux enchères, ou à l'amiable. Aux enchères, dans les ventes publiques, vous assistez à la présentation des animaux, puis à la mise en vente ; il faut savoir que la plupart des professionnels ont déjà examiné les sujets, et souvent même les ont essayés, la veille par exemple. De plus, n'oubliez pas que le prix adjugé est majoré des taxes en vigueur. La vente à l'amiable est la plus courante, quel que soit le mode de prospection — visite de marchands ou d'élevage, passage par un professionnel qui trouve l'oiseau rare, ou directement de particulier à particulier par le biais des petites annonces des magazines spécialisés.

Votre droit

« À l'amiable » ne veut pas dire sans règle : vous avez le droit d'exiger le cheval à l'essai quelques jours (temps pendant lequel il sera sous votre responsabilité), et surtout de lui faire passer une visite vétérinaire. Durant celle-ci, outre la recherche de vices rédhibitoires (qui, de toute façon, entraîneraient l'annulation de la vente, à condition qu'ils soient déclarés pendant une certaine période après la transaction), le praticien examine le sujet en fonction du travail qu'il sera amené à effectuer par la suite ; il prendra notamment des radiographies des pieds, pour les chevaux de sport, afin de déceler notamment toute trace de maladie naviculaire, qui entraînerait leur immobilisation tôt ou tard. Pour une future poulinière, l'examen gynécologique est de rigueur.

Si, pour une raison ou une autre, vous choisissez l'animal sur place, trois méthodes doivent être cumulées :

— à l'arrêt, vous jugez la conformation générale, les aplombs, vous tâtez les membres pour déceler des tares ou des problèmes de tendon (chaleur inhabituelle, gonflement, etc.), vous les soulevez pour regarder l'état des pieds ;

— en mouvement, en liberté ou à la longe, nous notez ses allures, son tempérament, éventuellement vous le faites sauter, mais en changeant l'obstacle placé par le vendeur, et qui doit être celui sur lequel l'animal a été travaillé auparavant ;

— enfin, s'il a déjà été monté, vous le prenez quelques minutes pour juger son confort, son obéissance aux aides, son caractère.

« À l'amiable » ne veut pas dire non plus sans contrat : vous devez exiger une attestation de paiement, avec la somme en toutes lettres, le nom du vendeur et la date. Cela, même si « votre » cheval a des papiers, c'est-à-dire un livret d'origine et une feuille de dépôt, qu'il faut faire endosser par vendeur et acheteur à chaque transaction. À ce propos, notez bien que la possession du livret est preuve de propriété — et qu'à son défaut, le même titre revient à la feuille de dépôt : exigez donc bien les deux, si le cheval qui vous est vendu l'est « avec papiers ».

Ci-contre et pages suivantes : après avoir choisi son premier cheval, pour la compétition ou pour le loisir, tout cavalier en vient un jour à rêver d'une poulinière... et de son poulain !

Et les assurances ?

Vous voilà propriétaire — et responsable. Si vous occasionnez un accident, en tant que cavalier, vous serez couvert par l'assurance de votre carte nationale de cavalier, ou même celle de votre responsabilité civile personnelle, si l'équitation n'y est pas citée en exclusion. Mais si votre cheval se sauve et provoque des dégâts ? Pour lui, vous devez obligatoirement être assuré « responsabilité civile ». Si la faute du gardien théorique (en cas de pension en club par exemple) est reconnue, c'est son assurance qui paiera, mais par l'intermédiaire de la vôtre, que seule la « victime » est censée connaître.
Alors, tant qu'à être assuré, autant compléter le contrat avec certaines des propositions qui peuvent y être ajoutées : décès du cheval, frais vétérinaires, éventuellement risques durant les transports et poulinage. L'assurance peut même vous verser des indemnités d'immobilisation en cas d'accident ou de maladie de votre monture. Il faut souhaiter que cela n'arrive jamais, mais s'assurer n'est-il pas une manière de conjurer le mauvais sort ?

Débourrage du cheval

Le débourrage conditionne toutes les relations futures entre le cheval et l'homme. En ce sens, il est l'apprentissage le plus important, tout le reste n'étant qu'entretien ou perfectionnement de qualités innées ou acquises.
Ce contact doit débuter le plus tôt possible, sous la mère, par de fréquentes visites, des caresses, bientôt la pose d'un petit licol et les prémisses de pansage — curage des pieds en levant les quatre membres, douche —, l'habitude du camion (en le faisant entrer, puis sortir à la suite de sa mère), etc. À deux ans, il ne sera pas sauvage, mais plutôt curieux et familier ; il est alors possible de l'habituer à un léger mors. En course, il serait déjà dressé, mais un cheval de selle doit continuer sa croissance tranquille — il en vivra d'autant plus vieux. À trois ans, donc, il peut être sanglé, mais s'il continue à grandir, il est juste travaillé à la longe ou en liberté (avec des protections aux membres, des guêtres, pour ne pas se blesser pendant ses gambades). Il ne sera réellement monté qu'une fois sa taille adulte atteinte, et son dos suffisamment musclé pour ne pas se creuser sous le poids du cavalier.
Les séances doivent être courtes mais fréquentes, pour ne pas lasser l'attention du jeune cheval et lui graver la leçon dans la mémoire. La répétition est une bonne chose, mais à doses justes. Une interruption pour aller se promener, ou changer d'exercice, entraîne un progrès lors de la séance suivante. Le cheval est très sensible aux expériences « par essai », de type « récompense-punition » : il faut donc être très rigoureux dans ses interventions et ne jamais punir à mauvais escient. Très sensible à la voix, il attache beaucoup d'importance au ton de félicitation, ou de réprimande. Il ne demande en général qu'à bien faire ; aussi, en cas de non-obéissance, peut-être est-ce vous-même qui avez mal fait connaître votre propre demande.
La musculation et le souffle peuvent se travailler à toutes les allures, mais le *trotting* à l'extérieur, en « tout terrain », allie la valeur de l'effort à la remise en forme morale. Au manège, il faudra travailler l'équilibre à toutes les allures (prouvé par le maintien, rênes longues, d'une cadence ralentie), l'obéissance aux aides les plus discrètes ; le passage de cavaletti, nombreuses petites barres espacées d'une foulée entre elles, permet de travailler l'amplitude des actions et l'habileté au saut. Mais un cheval doit aussi savoir rester immobile, à l'arrêt

En haut : le débourrage du jeune cheval doit se faire progressivement, si possible à la longe.
En bas : la visite vétérinaire d'achat constitue une « assurance » qu'il faudrait systématiser.

et au montoir. Ensuite, tout n'est plus qu'une question de spécialisation selon la discipline choisie par le cavalier, et correspondant aux aptitudes physiques et morales du cheval.

Travail du cheval d'âge

Jusqu'à quel âge un cheval peut-il être monté? Il n'y a pas de retraite légale, et cela dépend exclusivement de l'état de santé de l'animal. Certains chevaux de très haute compétition ont concouru jusqu'à vingt ans, et vécu jusqu'à trente, tandis que des chevaux de club ont été réformés à dix ans. Il faut en fait respecter certaines précautions — dont la principale est de ne pas demander à sa monture, souvent généreuse, plus qu'elle ne peut donner. En considérant que l'âge optimal du cheval est huit ans, il doit à partir de cette date suivre un rythme stable, respectant son allure et son moral. Il n'est plus question de vouloir lui apprendre des choses qu'il ne sait pas encore, ni de lui faire faire des compétitions plus importantes. Il doit continuer une vie bien réglée, sans temps de repos accrus, mais avec des périodes de travail plus détendu : à quoi bon faire sauter de grosses barres à un cheval qui sait les franchir depuis cinq ans? Il est bien préférable de lui faire passer des cavaletti, ou des petits troncs d'arbres dans la forêt. Avec ce mode de vie, et un check-up tous les ans, il sera monté jusqu'à vingt ans et plus, préférant nettement cela à une mise à la retraite solitaire, qui le ferait mourir d'ennui.

Un cheval chez soi

Il n'est pas dans notre propos de vouloir tout dire sur l'entretien d'un cheval à la maison. Toutefois, certains problèmes risquent de passer inaperçus lors de la prise de cette décision, pour s'avérer insolubles plus tard.
Ainsi, un cheval seul s'ennuie ; ce n'est donc pas un, mais au minimum deux chevaux que vous devez héberger — à moins de sacrifier au folklore de la chèvre ou de la poule, qui ne remplaceront de toute façon jamais un compagnon équin. En revanche, chevaux et poneys peuvent très bien s'entendre. Cependant, vous voilà responsable de deux boxes et, forcément, du fumier. Vous ne devez pas entreposer celui-ci (avant éventuelle utilisation pour un potager!) à moins de vingt mètres d'une maison d'habitation voisine ; quant à la paille, il vous en faudra un volume conséquent pour l'hiver : tout cela exige des installations plus importantes que le seul box prévu initialement! Pensez aussi à la réserve de grains, à la sellerie, à l'installation de l'eau courante, à l'établissement de clôtures (très) solides et sans danger tout autour du pré éventuel ! En contrepartie, vous profiterez du hennissement de votre cheval, vous appelant de bon matin pour sa ration, et des nuits blanches à attendre le vétérinaire (généralement un week-end de fête) lorsqu'il sera malade...
Et pourtant, vous aurez vos chevaux chez vous, comme tous les passionnés. Et vous serez aussi heureux qu'eux.

Les vices rédhibitoires

Ils annulent d'office la vente, avec obligation de rembourser, s'ils sont décelés dans les délais prescrits. Une lettre recommandée ne suffit pas légalement : le dépôt d'une requête écrite ou orale, dans ces délais, au greffe du tribunal d'instance du lieu où se trouve le cheval est nécessaire ; toutefois, l'usage fait que l'envoi recommandé avec accusé de réception est accepté par la plupart des tribunaux.

— Boiterie ancienne intermittente

Elle n'apparaît que de temps en temps au travail, soit « à froid », au début, et disparaît ensuite, soit « à chaud », entraînant alors diminution, voire arrêt de l'exercice en cours. Elle est généralement due à des obturations artérielles dans le membre atteint.

— Immobilité

Devenue assez rare, car résultat d'atteintes virales heureusement moins répandues aujourd'hui, elle est caractérisée par de l'hébétude, une marche titubante, des positions incohérentes (les membres croisés à l'arrêt), voire certaines paralysies, dues généralement à des lésions au niveau du cerveau ou du cervelet.

— Fluxion périodique des yeux

C'est une atteinte de la vision, sous forme de crises d'ophtalmies durant une dizaine de jours, se renouvelant parfois toutes les quatre ou cinq semaines ou ayant des accalmies de plusieurs mois, et laissant des séquelles de plus en plus graves, jusqu'à la cécité. Les progès ophtalmologiques rendent aujourd'hui cette atteinte d'« irido-cyclo-choroïdite » plus décelable qu'il y a quelques années, dès le premier accès.

— Tic, avec ou sans usure des dents

C'est l'action, pour un cheval, d'avaler de l'air, soit en ouvrant la bouche et en tendant l'encolure vers le bas, soit en prenant appui de la mâchoire sur un rebord (d'où usure des dents) et en contractant la trachée. Ceci est suivi d'une déglutition bruyante. Le tiqueur peut souffrir de coliques, d'inappétence, et voir son état général se dégrader, plus du fait de l'usure des dents elles-mêmes, et donc de problèmes de nutrition, que de l'air avalé.

— Emphysème pulmonaire

Autrefois appelée « pousse » (d'où l'expression « cheval poussif »), cette maladie est due à une dilatation des alvéoles pulmonaires, conduisant à leur rupture. La fonction d'échange d'oxygène entre l'air et le sang se fait donc beaucoup moins bien et entraîne une respiration haletante et saccadée, une toux sèche à l'air frais.

— Cornage chronique

C'est un sifflement, plus ou moins bruyant, apparaissant après un temps plus ou moins long de trot ou de galop ; cela peut aller jusqu'à des signes d'étouffement, en cas de cornage aigu dû à une angine, à une trachéite, à un abcès. Toutefois, le cornage chronique est, lui, définitivement acquis, puisque découlant d'une obstruction permanente de la trachée (le plus souvent au niveau des cordes vocales). Des opérations sont possibles, mais toujours aléatoires.

Les délais de dépôt de requête, pour entamer la procédure en rédhibition, sont de neuf jours francs (non compris le jour de livraison), sauf pour la fluxion périodique où le délai est poussé à trente jours. Une fois l'action engagée, le délai est repoussé du temps mis par l'expert désigné à statuer. Toutefois, selon le proverbe, « mieux vaut un mauvais accord qu'un bon procès », et généralement le vendeur n'attend pas le jugement pour reprendre le cheval.

Horizon équestre

Métiers de l'équitation

Carrières militaires

Longtemps la cavalerie fut le fleuron des armées. La motorisation a pratiquement chassé le cheval — pas tout à fait pourtant : la gendarmerie fait exception à la règle avec les gardes républicains. Les régiments montés sont toujours là, pour les gardes d'honneur et les parades, mais aussi pour la surveillance des grandes forêts domaniales et... du bois de Boulogne.

Études — formation

Il faut s'inscrire, avant ou après le service militaire, à la gendarmerie locale et remplir un dossier postulant l'engagement au régiment de cavalerie de la Garde républicaine. Des compétences équestres minimales sont requises. La formation au corps des sous-officiers est interne ; il faut ensuite préparer une école spéciale pour devenir officier, ou sortir de Saint-Cyr, auquel cas l'accès à ce corps est directement acquis.

Vie quotidienne

L'emploi du temps à la caserne (boulevard Henri-IV, à Paris) est assez régulier : lever à cinq heures, soins aux chevaux, puis exercices, classes ; éventuellement, service extérieur ou perfectionnement équestre (concours hippique, concours complet). Durant les surveillances de forêts, les patrouilles se relaient pour circuler toute la journée. Les soins et le travail des montures prennent de toute façon une grande partie du temps.

Débouchés

Chaque année, une cinquantaine de gardes républicains sont recrutés. Il faut savoir aussi que douze gendarmes auxiliaires sont pris chaque année, au titre du service national ! Mais les demandes sont nombreuses, aussi mieux vaut-il postuler très tôt, avec l'appui si possible d'une « préparation militaire ». De plus, il existe encore deux services armés équestres : les sections militaires de compétition (courses et saut d'obstacles) pour les cavaliers considérés comme sportifs de haut niveau et appelés pour le service national, mais les places sont rares et très disputées ; encore plus rares sont celles ouvrant à des militaires de carrière les portes de l'école de Saumur, pour entrer au célèbre Cadre noir, où les quelques sous-officiers et officiers choisis (tous très brillants sur le plan équestre) servent respectivement en tant que maîtres et sous-maîtres de manège, et en tant qu'écuyers.

Cavalier professionnel

La dénomination de « cavalier professionnel » a un sens beaucoup plus étroit que ne peut le laisser supposer la définition classique de « personne vivant de son métier de cavalier ». Comme pour beaucoup d'autres sports, l'ambiguïté règne lorsqu'il s'agit d'établir quel « type » d'équitation constitue une profession. Le professeur d'éducation physique, le moniteur de ski, l'écuyer exercent en fait le métier d'enseignant, même si, par ailleurs, ils remportent des compétitions dans leurs disciplines respectives.
Ainsi la plupart des grands cavaliers européens sont « amateurs », car ils ne vivent pas des concours qu'ils font, mais de ventes de chevaux, d'instruction, etc. À part quelques-uns (assez rares) qui ont réellement un emploi très différent, la limite est souvent très vague entre l'« amateur » et le « professionnel ». Or, il existe une échéance pour laquelle il est indispensable de savoir à quoi s'en tenir : les jeux Olympiques. Car, si les grands rendez-vous mondiaux sont en majorité « open », ouverts aux amateurs comme aux « pros », les Jeux n'acceptent, pour l'instant, que les premiers. Il a donc bien fallu trouver une définition commode pour savoir qui refuser : le professionnel est alors celui qui a couru (ne serait-ce qu'une fois) pour une marque commerciale, quelle qu'elle soit. Dans les usages équestres, cela signifie que ce cavalier a monté un cheval au nom duquel était ajouté un nom de société.

Études — formation

Le cavalier professionnel ne sort pas d'un moule ; ce n'est pas non plus seulement un concurrent de classe internationale. Bien sûr, seuls les grands du saut d'obstacles et du concours complet peuvent intéresser un « sponsor », qui les aidera financièrement en contrepartie d'une publicité dynamique ; mais, justement, la meilleure publicité ne doit pas s'arrêter à la victoire du cheval portant le nom de la marque, et le cavalier pro doit faire montre d'un sens développé des relations publiques, également en dehors de la compétition. Parallèlement à des connaissances équestres poussées, et un travail quotidien pour rester au « top niveau » mondial, il lui faut donc développer une formation générale brillante pour représenter au mieux son sponsor, en toute circonstance.

Vie quotidienne

L'entraînement des chevaux, la participation à la plupart des grandes épreuves, la recherche de montures nouvelles, tout cela laisse peu de place aux congés et au repos. Les concours, nationaux et internationaux, retiennent un cavalier de ce niveau près des deux tiers de l'année loin de chez lui ; quand il revient, il doit participer à quelques conférences de presse, courir les élevages pour renouveler son écurie et satisfaire les propriétaires de ses chevaux (qui ne font rarement qu'un avec la marque qu'il porte), enfin, et surtout, travailler tous les jours ses « cracks », sans lesquels sa profession n'en serait plus une.

Débouchés

Leur vie mouvementée comme le très petit nombre de sociétés prêtes à se lancer dans l'aventure du sponsoring font que les cavaliers professionnels ne sont pas très nombreux, surtout en France : trois en activité, contre une dizaine en Grande-Bretagne, presque autant en Belgique et en Suisse. De toute façon, il n'y en aura jamais plus que de

Ci-contre : la gendarmerie montée a une mission de « prestige » dont la « musique à cheval » fait souvent partie. Pages suivantes : le Cadre noir de Saumur en représentation.

concurrents internationaux — et cela fait très peu —, aussi les débouchés doivent-ils être considérés comme nuls dans cette voie. Même un champion junior n'a que très peu de chance d'obtenir sa place dans le club fermé des grands, et il devra sans doute s'orienter vers l'instruction, l'élevage ou le commerce de chevaux, restant ainsi amateur, avec (pourquoi pas ?) une chance d'aller aux jeux Olympiques !

Cow-boy — manadier

Être cow-boy : un rêve d'enfance qui peut être réalisé le temps d'une chevauchée à poney, entre copains, mais qui reste souvent un désir inassouvi. C'est une certaine nostalgie des grands espaces, du troupeau dont la file immense disparaît derrière un écran de poussière, du galop effréné sur un mustang à la robe tachetée pour rattraper, au milieu des cactus, un jeune veau égaré ; un regret de ne pas avoir connu la halte où, après avoir dessellé sa monture, l'avoir abreuvée et bouchonnée, l'on s'assoit à ses côtés, autour d'un feu de camp, pour manger des haricots au lard — tradition du Far West oblige ! — arrosés d'un café (toujours trop clair), et où l'on dort à la belle étoile, la tête sur sa selle !
Bien entendu, ce sont des souvenirs de films, mais ils sont pour nous la seule image d'un travail en semi-liberté, d'une tâche à la limite de l'aventure. Et puis, c'est l'une des dernières épopées des temps modernes, non ? Pourtant, tout près de nous, il existe un monde miniature où le soleil se lève sur une troupe au trot, à la recherche du troupeau à rassembler. La Camargue, vous connaissez ? Ses cavaliers au large chapeau noir et aux petites bottes de cuir sont plus anciens que les premiers des cow-boys ; quant à leurs petits chevaux gris, leur race est sans doute la plus vieille d'Europe ! Le manadier, en groupe pour ramener les petits taureaux noirs, ou seul pour la surveillance de la « manade » en semi-liberté des chevaux camargues, exerce son métier comme des générations l'ont fait avant lui.

Études — formation

La charge de manadier est familiale, et un étranger ne pourra jamais participer qu'en invité aux multiples travaux montés. Mais, comme pour les cow-boys du folklore américain, les tâches à effectuer à pied sont beaucoup plus nombreuses que celles nécessitant une monture, et bien moins exaltantes. Donc, les cérémonies et les fêtes traditionnelles les passent sous silence, ne mettant en valeur que les qualités (tout à fait réelles) de cavalier requises pour exercer le métier de manadier. Ce sont alors les jeux rappelant directement le travail (comme la ferrade, isolement et conduite d'un taureau en liberté par plusieurs gardians), ou uniquement d'adresse (course au bouquet, que se disputent les manadiers afin de l'offrir à l'une de leurs compagnes, ou joute de la bague, anneau qu'il s'agit de décrocher d'une potence avec une courte lance). L'équitation très particulière due à la forme de la selle (rappelant la selle espagnole classique) ainsi qu'au caractère du Camarguais lui-même est en fait proche de la monte américaine, par son côté pratique et précis — utilité oblige —, mais aussi par l'adresse qu'elle demande, et qui est le résultat d'une longue expérience, les jeunes garçons étant mis à cheval dès leur plus jeune âge.

Vie quotidienne

Le manadier est un éleveur qui doit surveiller bêtes, clôtures, points d'eau, compléments de nourriture, etc. La semi-liberté dont jouissent les troupeaux, si elle convient au terrain marécageux du delta du Rhône, n'en est pas moins source de tracas pour ces gardians, qui doivent parfois chercher durant une demi-journée les animaux qu'ils veulent rassembler. D'autre part, l'obligation où le terrain les met d'utiliser le cheval comme moyen de locomotion est garante à la fois de l'utilité (et de la survie) des manadiers eux-mêmes et du cheval camarguais.

Les cavaliers professionnels montent des chevaux aux noms desquels est associée la marque du sponsor; ici Thomas Fuchs monte « WILLORA » carpets.

Débouchés

Le nombre de gardians reste stable, à la différence de celui des cow-boys, dont les chevaux ont disparu pour être le plus souvent remplacés par la Jeep ou l'hélicoptère. Mais la tradition familiale fait que les étrangers ne peuvent, en Camargue comme au Far West, goûter aux occupations des uns et des autres qu'à l'occasion de parties organisées, en stage, pour les touristes. Certaines sont toutefois très proches de la réalité, et d'une véritable utilité, mais leur caractère temporel empêche de les confondre avec un vrai métier. Si, heureusement, les manadiers ne sont pas morts, leur vie n'est accessible qu'à leurs propres enfants.

Éleveur

Avec la mécanisation et la disparition d'activités auxquelles les chevaux participaient pourtant depuis des siècles (transports, travaux des champs, etc.), l'élevage équin semblait promis à la disparition à court terme. Or, si ce fut presque le cas pour les chevaux lourds, les races « de sang » connurent au contraire un certain développement, pour les activités de courses et de « selle », loisir ou compétition. Toutefois, il ne faut pas se leurrer : l'élevage de course est l'apanage de professionnels (qui sont même parfois obligés d'abandonner s'ils ne produisent pas le « crack » qui rend un haras célèbre), et souvent, les chevaux de selle se vendent à peine la somme nécessaire à couvrir tous les frais qu'ils ont occasionnés !

Études — formation

La difficulté du marché rend très aléatoire l'installation d'un « autodidacte ». Longtemps, la meilleure formation fut celle d'employé (lad, garçon d'écurie, puis responsable, voire intendant) d'un haras renommé ; cela reste une excellente filière, mais longue et peu fréquente.
Aujourd'hui, il existe des écoles, de niveau élevé (formant des ingénieurs) ou moyen (brevet professionnel à spécificité d'élevage) :
Écoles nationales d'ingénieurs des travaux agricoles (E. N. I. T. A. de Bordeaux et Dijon) : deux ans d'études, recrutement (niveau bac ou brevet de technicien) sur concours, après un an de préparation dans un lycée agricole (voir liste en dernière page) ;
Brevet professionnel agricole, option « éleveurs de chevaux » ; six mois d'études, recrutement à 18 ans après une année d'activité professionnelle à plein temps (voir « centre de formation professionnelle pour adultes », C. F. P. P. A.). Ces cours permettent d'acquérir les notions de gestion, ainsi que de théorie d'élevage, minimales pour un professionnel. Toutefois, il est fortement conseillé de travailler quelques années comme stagiaire avant de se mettre à son compte.

Vie quotidienne

L'éleveur n'a ni dimanche, ni jour férié : les chevaux doivent être nourris et surveillés, voire entraînés tous les jours. Car, pour être rentable, il faudra souvent que l'élevage propose non seulement des jeunes chevaux, mais aussi des montures déjà débourrées, peut-être même ayant fait leurs preuves en compétition. Enfin, cela ne fera certainement pas vivre l'entreprise les premières années ; aussi faudra-t-il compléter l'élevage des chevaux par celui des bovins, qui seront un revenu ferme et, de plus, mangeront les « refus », ce que les délicats équidés auront laissé dans les prés. Alors, voilà du travail en plus, et ce ne sera qu'à ce prix que, peut-être, un jour, un poulain prestigieux naîtra, ce produit qui fera connaître l'élevage et permettra au maître des lieux de vivre un peu plus tranquillement.

Débouchés

Les brevets et les écoles spécialisées permettent la formation d'une cinquantaine d'éleveurs par an, mais seulement une vingtaine d'entre eux trouvent une place intéressante en stage, et un nombre plus restreint encore pourra s'installer avec une chance de réussite ; car à la compétence il faut ajouter des mises de fond importantes — le plus souvent dépendantes des crédits disponibles au titre d'agriculteur. L'achat et l'entretien des boxes, granges, hangars, prés nécessitent des rentrées d'argent régulières : il faut alors prendre des chevaux en pension, en débourrer certains, en soigner d'autres, voire faire naître les poulains des autres avant de pouvoir financièrement vivre de ses propres juments, de manière indépendante. Un jeune cheval, qu'il soit bon ou pas, coûtera la même somme par an, et seul un excellent produit remboursera les frais engagés. Quant au prodige qui donnera célébrité et « cote » à l'élevage, il mettra sans doute plusieurs années à naître, s'il vient un jour !

Enseignant

Les écuyers de Saumur revenus à l'état civil et enseignant dans les centres équestres se font de plus en plus rares. Ils ont fait place aux générations successives de moniteurs et instructeurs d'équitation, désormais eux-mêmes poussés par les jeunes « éducateurs sportifs », diplômés du brevet d'État du premier degré (moniteur), du deuxième degré (instructeur), voire du troisième (professeur). Cette récente dénomination recouvre un changement de l'« esprit d'instruction », désormais mieux adapté à l'évolution de l'équitation actuelle.

Études — formation

Le brevet d'État d'éducateur sportif (B. E. E. S.) option activités équestres comprend donc trois degrés, de difficulté croissante. Pour le premier, la formation comprend :

— une formation générale d'une durée minimale de 980 heures (perfectionnement technique, pédagogie, environnement naturel, économique et social de l'équitation).

— une formation optionnelle de 280 heures au minimum (options possibles : dressage, saut d'obstacles, concours complet, tourisme équestre, équitation sur poneys, voltige, horse-ball, attelage, polo).

— deux certificats de pratique (35 heures chacun au minimum).

— un stage pédagogique en situation d'une durée minimale de 300 heures.

Le candidat, âgé au moins de dix-huit ans, doit subir des épreuves de sélection avant l'entrée en formation : des tests équestres pratiques et deux entretiens avec un jury.

L'examen final comprend des épreuves techniques (pratique : coefficient 3, et oral : coefficient 1), de pédagogie (pratique : coefficient 3, et oral : coefficient 1), théoriques (écrit : coefficient 1, oral et pratique : coefficient 1).

Les deuxième et troisième degrés reprennent, à un échelon plus élevé, la même organisation.

Toutes ces formations doivent être suivies dans des centres agréés, dont la liste est tenue à votre disposition au bureau de la ligue équestre de votre région, au haras national de votre circonscription ou à la Fédération équestre française. Celle-ci édite régulièrement des fascicules de programmes, pour ces examens, ainsi que des brochures de renseignements et d'adresses.

Vie quotidienne

Un diplôme d'enseignant, c'est bien, mais sur quel métier cela débouche-t-il ? Dans un petit club, le moniteur doit souvent mettre la main à tout, au fumier comme à la gestion et à l'instruction. D'autre part, dans un grand centre, être fonctionnaire à quatre reprises par jour n'est pas toujours enrichissant, ni moralement ni financièrement. Quant à se mettre à son compte, voilà les journées de 18 heures qui arrivent !

Ainsi se pose le problème même de l'entreprise, ne plus avoir le temps de monter pour son plaisir, mais être le maître chez soi et être responsable de son centre ; ou bien se contenter de donner les reprises et de travailler les chevaux chez un patron. La construction d'un avenir passera forcément par l'abandon du temps libre au profit des risques et des responsabilités.

Débouchés

Il y a à la fois trop de moniteurs (beaucoup cherchent du travail), et trop peu d'enseignants : car de nombreux clubs ne peuvent pas payer un professionnel à temps complet. Paradoxe qui laisse le champ libre aux « aventuriers » diplômés d'État, qui se lancent dans le loisir, les jeux équestres, la voltige, l'attelage, les stages de toutes sortes, et se taillent des empires dans la France équestre en plein développement. Eux ont réussi la réforme avant qu'elle n'ait lieu : ils ont adapté leur pédagogie et leur équitation à la demande, tout en conservant l'inaltérable principe du respect du cheval, autour duquel tous les cavaliers se regroupent.

Entraîneur

Dès l'apparition des courses est née une profession à part ; ses membres n'ont souvent pas de chevaux à eux, ils n'en font pas naître, ils ne les montent pas non plus en compétition : ils les entraînent. Qu'ils les aient choisis eux-mêmes pour le compte d'un propriétaire, ou que celui-ci les leur ait imposés, ils les préparent le mieux possible (ils font même l'impossible), ils les font « monter en forme », jusqu'à la course qu'ils ont choisie pour leur première sortie. Selon le résultat, c'est alors la poursuite ou la modification des entraînements, le choix d'autres courses, etc.

Quelques-uns de ces hommes ont été qualifiés de « sorciers » pour la manière dont ils savaient mettre en valeur tel ou tel animal, parfois de peu de qualité ! Pour les courses au galop, ils soignent par l'intermédiaire du premier garçon, ils guérissent par l'intermédiaire du vétérinaire, ils montent et ils gagnent par l'intermédiaire du jockey. Au trot, par contre, les conditions de poids étant moins draconiennes pour la course, ils cumulent souvent les fonctions d'entraîneur et de driver et sont par là même moins « mystérieux ».

Ci-contre : le moniteur ne peut pas monter très souvent ; pour diriger correctement une reprise, il doit rester à pied, au centre de la carrière. Pages suivantes : manadiers au travail.

Études — formation

Bien qu'une réforme récente prévoie des cours de formation et de recyclage (gestion, comptabilité, etc.) à Chantilly, pratiquement tous les entraîneurs se sont formés « sur le tas » ; ancien jockey (professionnel ou amateur), ancien « premier garçon », voire éleveur, l'entraîneur a, en fait, connu différents aspects de la vie du cheval de course, avant de devenir l'homme admiré et jalousé pour les victoires de son écurie, voire soupçonné de pratiques plus ou moins légales. Il ne doit pourtant le plus souvent ses succès (après combien d'échecs ?) qu'à un certain « sens du cheval » et à beaucoup d'expérience, acquise durant les années passées à l'écurie, à l'entraînement, parfois sur la piste. Et, s'il a enfin acquis la notoriété et se voit confier la responsabilité d'écuries prestigieuses, pendant combien de temps a-t-il dû préparer des chevaux moyens aux réunions de province ? Quant à la pratique de son métier, elle est toujours subordonnée à l'obtention de sa licence, délivrée par la Société des courses de sa discipline.

Vie quotidienne

L'entraîneur est généralement levé en même temps que les lads, c'est-à-dire à cinq heures l'été, à sept l'hiver : bien que confiant dans le coup d'œil du premier garçon, il doit s'inquiéter de la manière dont les pur-sang ont passé la nuit, puis surveiller le « premier lot » qui part sur les pistes d'entraînement. L'après-midi, il y a souvent une course, à laquelle il devra assister pour voir son (ou ses) concurrent (s), mais aussi pour rencontrer les propriétaires et ses confrères. L'entraîneur-driver, lui, a en principe moins de pensionnaires et moins de tracas, car les trotteurs sont tout de même moins fragiles que les galopeurs. Par contre, il est lui-même sur le sulky, de bon matin, et sur la piste lors des courses, parfois deux ou trois fois à la suite si le programme lui permet d'inscrire plusieurs chevaux dans les épreuves successives. En dehors de la saison des courses, l'entraînement continue au ralenti pour maintenir les chevaux en forme, mais l'entraîneur travaille toujours : il doit s'occuper des jeunes recrues, parfois à peine dressées. Être un bon entraîneur demande un contact permanent avec les chevaux, et cela exige encore plus de temps que de les monter !

Débouchés

Les courses se développent, mais c'est surtout l'éclatement des grandes écuries en multitude de petits propriétaires qui permet aux entraîneurs d'être assez nombreux. Comme dans tous les milieux de compétition, la réussite professionnelle est directement liée aux résultats obtenus — sous forme de mise à l'entraînement des meilleurs chevaux. Mais des places sont encore disponibles, surtout au trot où les sommes qui sont en jeu, moins considérables qu'au galop, permettent aux jeunes entraîneurs de débuter avec presque autant de chance que leurs aînés. L'achat de cracks par des syndicats de petits propriétaires va également dans le sens d'une meilleure répartition des bons chevaux chez les entraîneurs.

Fabricant de matériel hippique

Le développement énorme du « cheval chez soi » entraîne la résurrection de métiers qui semblaient avoir disparu il y a quelques années : les fabricants de boxes individuels, d'écuries démontables et d'obstacles se multiplient. De même, la vogue de l'attelage incite les constructeurs hippomobiles, jusque-là cantonnés dans l'aménagement de camions en vans pour le transport des chevaux, à se remettre à la fabrication de voitures attelées, classiques pour les compétitions ou modernes pour les poneys et pour le loisir.

Études — formation

Les études sont généralement sanctionnées par le C. A. P. de carrossier (pour les voitures) ou celui de menuisier (pour les boxes et les obstacles), préparés en deux ans dans des écoles spécialisées. La reconversion dans le domaine plus spécifiquement équestre vient de l'initiative et des capacités de l'élève qui, après quelques années de formation chez un patron, pourra s'installer comme artisan à son compte. Mais, pour réussir dans un domaine où la concurrence est déjà grande, il lui faudra à la fois de l'imagination et une excellente connaissance des nécessités de l'équitation et de l'élevage afin de proposer le matériel le plus adapté, le plus pratique et comportant le plus de sécurité possible pour les chevaux.

Vie quotidienne

La vie d'un artisan est entièrement déterminée par sa réussite : plus il est connu, plus il travaille. Pourtant, elle devrait lui permettre de garder suffisamment de temps libre pour monter à cheval, plaisir et nécessité à la fois, afin de rester conscient des impératifs que leur destination équestre impose à ses réalisations.

Débouchés

Ils iront sans aucun doute en augmentant, tant l'orientation de l'équitation est vers le « cheval chez soi ». Chacun aspire à l'acquisition d'un pré, où il suffira d'installer un box et de faire quelques aménagements équestres pour disposer à loisir de son cheval ! Corrélativement, le transport des montures ne peut que s'accroître, même s'il s'oriente de plus en plus vers le véhicule à deux places plutôt qu'à six ou huit places. Le marché se trouve donc prêt à être conquis par l'imagination et l'application de réalisations nouvelles.

Garde et agent des haras, technicien d'agriculture

Les haras nationaux ont plusieurs échelons de service, correspondant souvent, dans le privé, au titre d'étalonnier. Ainsi, les gardes des haras (ou agents) sont chargés de l'entretien, des soins et de la surveillance des étalons nationaux, dans la « station de monte », où ils restent pendant la saison des saillies, de février à juillet-août. En plus de cette charge, ils servent souvent de conseillers aux éleveurs de leur circonscription, sur les méthodes d'élevage et les « courants de sang » locaux. Les techniciens d'agriculture interviennent au niveau de la gestion des établissements, du plan de travail des chevaux (dressage éventuel, manifestations équestres) et de la représentativité de l'administration lors de cérémonies, concours, passages d'examens ou relèvement de signalement de poulain.

Études — formation

Les agents et gardes sont recrutés au moment de la monte, selon les besoins de chaque station ; ils peuvent être titularisés à la fin de leur première saison. Un C. A. P. est préférable, comme celui de palefrenier-soigneur ou de maréchal-ferrant. Le haras de Pompadour organise à leur intention une formation permanente qui peut leur permettre, par voie d'examen professionnel ou de concours interne, d'accéder au poste de technicien. Ceux-ci sont, d'autre part, recrutés par concours, dont les épreuves sont du niveau du baccalauréat ou du brevet de technicien agricole préparé par les lycées spécialisés (voir liste en dernière page).

Vie quotidienne

Leur vie est celle de tous ceux qui s'occupent de l'entretien des chevaux : lever tôt, soins des animaux et des écuries, travail monté ou attelé ; tâches d'encadrement pour les techniciens. L'avantage, comparativement aux mêmes fonctions dans un haras privé, est le statut de fonctionnaire, bien que les vacances ne puissent jamais se prendre pendant la période qui va de février à août. L'avancement par voie de hiérarchie interne est lent, mais sûr. Enfin, il y a la possibilité d'avoir son propre cheval.

Débouchés

Ils sont assez nombreux, mais la présentation d'un C. A. P. est désormais presque obligatoire. Les places sont bien sûr plus nombreuses dans les régions où l'élevage est important, car il y a plus de stations de monte, mais où le potentiel cavalier est un peu moins grand (il y a moins de listes d'attente pour ces places). Le mieux est de demander au haras de sa circonscription si les stations ont besoin de personnel et de ne pas hésiter à changer de région si un poste est offert ailleurs.

Guide de tourisme équestre

Avec le développement très important de l'équitation de loisir, la randonnée est devenue attrayante pour énormément de cavaliers, et donc des structures sont nécessaires pour permettre à chacun de trouver ce qu'il désire. Sans entrer dans les différends qui peuvent opposer les deux sœurs ennemies, la délégation nationale au tourisme équestre (ex-A.N.T.E.) et la Fédération des randonneurs équestres français (F.R.E.F.), il faut reconnaître qu'un minimum d'encadrement est indispensable, sous peine de risques pour les pratiquants, ainsi que pour la randonnée équestre elle-même, qui pâtirait des accidents qui pourraient survenir. La forme et l'importance de cet encadrement sont à choisir par chacun, dans le cadre d'une association ou d'une autre, selon ses affinités.

Études — formation

L'A. N. T. E. propose trois examens, donnant successivement droit aux titres d'accompagnateur, de guide et enfin de maître-randonneur (ce dernier ayant, en plus, des compétences de cavalier d'extérieur, des notions de gestion et de direction d'un centre). Au sein de l'association cela permet diverses fonctions, qui vont de l'encadrement sur le terrain jusqu'à la création d'un club et d'itinéraires nouveaux. La F. R. E. F. a également ses trois échelons : guide, directeur et moniteur de randonnée. De toute façon, le titre spécifique obtenu dans l'un ou l'autre cadre ne permettra jamais que de rester dans cette hiérarchie. La sagesse, pour faire de l'organisation de randonnée une profession, est donc de cumuler l'un de ces diplômes (très utile) à celui de moniteur d'équitation (désormais appelé éducateur sportif premier degré, option équestre), plus général et qui donne beaucoup plus de possibilités commerciales.

Vie quotidienne

À moins d'être simple accompagnateur de randonnée (emploi très temporaire et peu lucratif !), les responsabilités s'accompagnent toujours d'un emploi du temps très chargé : il n'est pas question de passer sa vie à se promener, mais plutôt de préparer chacun (cavalier et monture) afin qu'il puisse sortir en extérieur en toute sécurité. Cela veut dire un encadrement sérieux des personnes et une cavalerie en excellent état, moral et physique. Et jusqu'à ce que l'entreprise marche assez bien pour qu'il soit possible d'engager palefrenier et accompagnateur, c'est au guide de tout faire, tout seul !

Débouchés

Ils sont encore importants, malgré le grand nombre de jeunes déjà installés. La demande est toujours là, mais c'est au plus sérieux — et au mieux armé — qu'elle s'adresse : ainsi, mieux vaut être maître que guide, et meilleure encore sera la position du moniteur diplômé d'État.

Lad-jockey

Qui n'a rêvé, à la lecture de *l'Éperon d'argent* et de *la Cravache d'or,* les romans de P. Vialar, de gagner un jour le prix du Jockey-Club à 17 ans, après avoir débuté comme lad ? Or, cette histoire est à la fois mythe et réalité. Réalité, parce que presque tous les jockeys ont débuté comme lads. Mythe, car il n'y a qu'un gagnant du Jockey-Club par an, une seule cravache d'or annuelle, et qu'elle revient toujours à l'un des trois meilleurs, les mêmes depuis plus de dix ans ! Alors, c'est vrai qu'il est possible de devenir adulé et riche, de monter les meilleurs chevaux du monde, en ayant débuté à 12 ans comme apprenti. Mais cela n'arrive pas une fois par an ; heureusement, ils sont tout de même relativement nombreux les lads qui deviennent jockeys ; mais tous les jockeys ne sont pas célèbres, loin de là ! Seulement, sans cet espoir, y aurait-il autant d'élèves dans les centres d'apprentissage ?

Études — formation

Les deux voies, scolaire et par stage, sont possibles. Des établissements privés d'enseignement agricole préparent en trois ans au certificat d'aptitude professionnel agricole (C. A. P. A.) de lad-jockey ou de lad-driver ; ils sont situés auprès des principaux centres d'entraînement de courses (Gouvieux, Maisons-Laffitte, Graignes, etc.). Les élèves, qui sont internes, doivent avoir 14 ans dans l'année, être du niveau d'entrée en 4e, peser moins de 38 kg et mesurer moins de 1,40 m (ces deux conditions n'étant pas limitatives pour le trot). Le passage du C. A. P. A. par contrat d'apprentissage s'adresse aux garçons d'au moins 16 ans, qui doivent de toute façon alterner leur stage chez un employeur agréé avec une formation théorique au centre d'apprentis de Chantilly.

Vie quodidienne

La vie, dès l'établissement d'enseignement agricole, est celle qui attend les lads par la suite, puisqu'ils se lèvent à l'aube pour s'occuper des chevaux du centre d'entraînement voisin, avant de revenir suivre leurs cours. Une fois leur diplôme en poche, ils seront chargés, en plus des boxes et de l'entretien du matériel, des soins à quelques chevaux. S'ils ont des dispositions, ils les monteront à l'entraînement avec l'un des deux « lots » du matin. Et peut-être, un jour, s'entendront-ils dire : « au fait, tu montes dans la première, samedi prochain », à moins que les temps aient vraiment changé et que ce soit à l'issue d'un « contrôle continu » que les meilleurs gagnent leur chance dans une course de province! Une chose est sûre : seul le travail bien fait pourra un jour les conduire sur la piste d'un grand hippodrome.

Débouchés

Il y aura toujours de jeunes passionnés qui s'engageront dans cette voie, en étant sûrs de monter en courses bientôt. Et si un petit nombre d'entre eux seulement deviennent de grands jockeys, tous auront eu leur chance. La hiérarchie emmènera ceux qui « ne font pas le poids » (mais par dépassement, au sens propre) aux places de garçons d'écuries, puis de cadres d'écuries : « premier garçon », véritable bras droit de l'entraîneur, et « garçon de voyage », responsable des déplacements des chevaux vers les champs de courses. Ensuite, le travail et la qualité font des meilleurs, comme des anciens jockeys, les entraîneurs « sortis du rang ».

Marchand de chevaux

Le « maquignon » avait mauvaise réputation autrefois. Les marchands de chevaux d'aujourd'hui ne sont pas toujours mieux considérés, puisque, en tant qu'intermédiaires, leur métier consiste à vendre plus cher qu'ils ne l'ont acheté un cheval qui ne s'est en rien amélioré entre-temps. Seulement, voilà, ils donnent la possibilité à l'acheteur de choisir et d'essayer, sur place, un nombre plus ou moins important de montures. D'autre part, leur position « patentée » permet d'avoir certains recours contre eux, en cas de litige, ce qui est plus difficile vis-à-vis d'un particulier.

Études — formation

À moins de créer une société importante, comme il en existe plusieurs (avec centre d'essai, matériel vidéo de contrôle, etc.), un marchand a juste besoin d'être... commerçant, et de payer une patente. En fait, pour avoir à proposer des chevaux de qualité, à des prix abordables, il faut être en rapport avec les élevages, et surtout avec les cavaliers connus, qui eux-mêmes font beaucoup de négoce. Quant aux transactions internationales, elles ne peuvent s'envisager que par l'intermédiaire de « contacts » à l'étranger, qui connaissent les besoins et les offres du moment.

Vie quoditienne

L'activité du marchand se déroule sur les terrains, au moment des concours, foires et autres manifestations, où il prospecte à la fois pour acheter et pour vendre. Ensuite, il doit faire le tour des élevages, ainsi que des clubs qui sont disposés à lui prendre des chevaux en dépôt-vente, leur intérêt mutuel étant que les montures soient travaillées et dans le meilleur état possible.

Débouchés

Cette profession est tenue pour l'instant par quelques commerçants « purs » et par des cavaliers, des éleveurs, etc. Ne peuvent en vivre exclusivement que trois ou quatre personnes, très bien introduites dans chaque domaine spécifique (concours hippique, complet). Autrement, la concurrence des grandes ventes aux enchères et, surtout, des petites annonces entre particuliers, rend difficile d'envisager une carrière strictement « marchande ».

Maréchal-ferrant

Autrefois, forgerons, charrons, carrossiers étaient tous maréchaux-ferrants. Aujourd'hui, le métier s'est à la fois raréfié et purifié : le maréchal peut encore forger son fer, mais il ne s'occupe plus que des sabots des chevaux, à l'exclusion de tout soc de charrue ou de roue de chariot. Par contre, des qualifications de vétérinaires de ses ancêtres, il a gardé l'apanage du soin des pieds, poussé à l'extrême avec l'orthopédie, les corrections d'aplombs et les « réglages d'allure », par exemple chez les trotteurs de course. Et si la forge du village a disparu, l'homme de l'art se déplace maintenant sur rendez-vous, à domicile, à bord d'une camionnette contenant ses outils et le nécessaire pour travailler les fers.

Études — formation

Au début du siècle, la plupart des maréchaux provenaient des centres de formation de l'armée. Mais, avec l'abandon de la cavalerie, cette source s'est tarie. De nouvelles écoles ont été créées, publiques ou privées, ouvertes aux élèves de 14 ou 15 ans, sur concours, ou aux 16-18 ans dans le cadre de la formation professionnelle pour adultes. Enfin, il est encore possible d'obtenir le C. A. P. de maréchalerie par voie d'apprentissage, à raison d'un stage de deux ans chez un maître artisan.

Vie quotidienne

À part les maréchaux très spécialisés (orthopédie, ferrure de courses) qui se déplacent peu en dehors des centres d'entraînement, ces artisans s'équipent très souvent d'un camion leur permettant de se rendre d'un club hippique à un autre, voire chez un particulier où se sont groupés les quelques cavaliers voisins. La diversité des problèmes rencontrés (aplombs, corne, caractère du cheval) et même des matériaux (ferrure en aluminium, en plastique, en alliage...) oblige le maréchal moderne à une grande connaissance, à la fois théorique et pratique. Mais il lui reste quand même du temps libre, sans doute, pour monter son propre cheval.

Débouchés

Ils sont excellents pour des maréchaux compétents, dynamiques, qui savent se recycler périodiquement, travailler en collaboration avec les vétérinaires et, surtout, qui sont prêts à se déplacer beaucoup. « Pas de pieds, pas de cheval », dit un ancien proverbe. Alors, s'il n'y avait pas de maréchal?

Officier et ingénieur des haras

La très puissante Administration des haras, fondée par Colbert, est dirigée par les officiers des haras, responsables

Ci-contre : le maréchal est un artisan indispensable, un auxiliaire privilégié du vétérinaire. Pages suivantes : le garde des Haras tient une place importante dans l'élevage français.

des différents dépôts d'étalons et des circonscriptions qui en dépendent. Ils sont assistés dans leur tâche par des ingénieurs des travaux agricoles. Sous l'autorité du ministre de l'Agriculture, tout l'élevage français est ainsi contrôlé et orienté par le chef du service des haras et les directeurs des 23 circonscriptions qui découpent la France.

Études — formation

Les officiers des haras se recrutent parmi les ingénieurs formés à l'École nationale du génie rural des eaux et forêts (E. N. G. R. E. F.), qui recrute jeunes gens et jeunes filles, pour un quart à la sortie de l'École polytechnique, pour moitié à la sortie de l'Institut national agronomique (I. N. A. Grignon) et pour un quart parmi les ingénieurs des travaux du ministère de l'Agriculture. Ces ingénieurs accomplissent leur stage de fin de l'E. N. G. R. E. F. à l'École nationale des haras, au haras du Pin. Il y a en général deux élèves-officiers par an. Les ingénieurs des travaux agricoles sont issus des Écoles nationales d'ingénieurs des travaux agricoles (E. N. I. T. A. de Dijon et de Bordeaux) et effectuent également un stage de fin d'études à l'École nationale des haras.

Vie quotidienne

Outre quelques obligations de représentation lors de manifestations importantes (grandes foires agricoles, concours, salons internationaux), les officiers des haras ont surtout une tâche administrative importante. Mais cela leur laisse largement le temps de monter eux-mêmes, ou de pratiquer l'attelage, par exemple. Ils habitent dans le haras où est abrité le dépôt d'étalons de leur circonscription : haras du Pin, de Saint-Lô, de Compiègne, de Pompadour, d'Uzès, etc.

Débouchés

Les débouchés sont restreints pour les officiers des haras : ils sont deux nouveaux par an. Il y a toutefois plus d'ingénieurs des travaux agricoles recrutés chaque année ; ils s'occupent également d'administration et forment tout un cadre de fonctionnaires dont le principal attrait est d'œuvrer près des chevaux, et fréquemment dans des paysages magnifiques.

Palefrenier-soigneur

« Un bon pansage vaut une ration d'avoine » : selon cet adage, le palefrenier apparaît bien comme un personnage indispensable, voire primordial dans la vie d'un cheval. C'est en effet souvent lui que la monture connaît le mieux, parfois avec lequel elle passe le plus de temps, par exemple dans les grandes écuries de compétition. L'état physique, tout comme le moral du cheval, dépend entièrement des rapports qu'entretient avec lui son soigneur. Celui-ci sera enfin certainement le premier à déceler trouble ou maladie, si cela arrive ; voilà qui remet à sa vraie place cet homme qui doit avoir tact et expérience, et qui, dans les écuries de courses, peut atteindre le grade de « premier garçon », personne de confiance de l'entraîneur, véritable « chef du personnel ».

Ci-contre : au palefrenier incombe aussi la tâche de veiller et de soigner les chevaux en cas de maladie. Pages suivantes : vétérinaire auprès d'une table d'opération pour chevaux.

Études — formation

Le certificat d'aptitude professionnelle agricole de palefrenier-soigneur peut être préparé par voie scolaire ou par apprentissage. Dans le premier cas, l'entrée se fait à 14 ans dans un collège agricole, pour trois années d'études. Dans le second, l'apprentissage commence à 16 ans, avec deux années dans un centre de formation d'apprentis et chez un employeur (adresses en dernière page). L'École nationale des haras, au Pin, prend également des garçons de 14 ou 15 ans (niveau fin de 5e), sur concours, pour un C. A. P. A. de cavalier-soigneur, qui se prépare en trois ans. La formation est alors plus orientée sur le travail du cheval et la pratique de l'équitation. Enfin, il existe un brevet professionnel agricole (B. P. A.), option hippique, pour adultes engagés depuis plus d'un an dans la vie active.

Vie quotidienne

La matinée du palefrenier commence à cinq heures, avec la nourriture et les soins aux chevaux, puis l'entretien de l'écurie et de la sellerie ; la journée est coupée par les trois, quatre, voire cinq repas des chevaux et se termine par un dernier regard aux portes des boxes et aux montures, avant d'aller se coucher. Entre-temps, rares sont les moments où le soigneur a pu monter. Pourtant, à beaucoup de stagiaires il est promis plus de deux heures d'équitation par jour ; seuls les centres importants, où le nombre des chevaux par palefrenier est limité à cinq ou six, peuvent tenir un tel engagement. Mais, après une bonne expérience du métier, un excellent soigneur est très recherché, et il arrive qu'après plusieurs années il puisse se mettre à son compte, dans l'élevage ou, s'il était dans les courses, comme entraîneur, après la place de « premier garçon ».

Débouchés

Ce sont sans doute les emplois les plus proposés, mais si les palefreniers expérimentés peuvent se faire payer cher, les débutants ne perçoivent souvent qu'un salaire de misère, surtout sous le couvert de la « formation par apprentissage ». C'est pourquoi il faut le plus vite possible obtenir C. A. P. A. ou B. P. A. ; à partir de là, le choix d'une bonne maison conditionnera tout l'avenir du soigneur, parfois jusqu'à la création de sa propre entreprise.

Sellier-bourrelier

Un sellier ne doit pas être confondu avec un bourrelier. Celui-ci exerçait son métier à l'époque de la traction chevaline, en confectionnant et réparant les harnais de trait, en fabriquant les sièges de voitures, etc. Pourtant, la tradition continue à lier ce métier, malgré sa quasi-disparition, à celui de sellier, heureusement encore assez florissant. Car si les selliers-harnacheurs, parfois « hyper-sophistiqués », des grandes villes sont peu nombreux, il existe entre eux et le bourrelier d'antan une catégorie d'artisans « polyvalents » qui peuvent profiter de l'extension « tous azimuts » de l'équitation d'aujourd'hui.

Études — formation

Il n'y a pas à proprement parler de formation pour être sellier-harnacheur. Les écoles existantes préparent en fait au C. A. P. de sellerie-maroquinerie, c'est-à-dire à la confection de sacs, ceintures et autres objets en cuir. La spécialisation de sellier-bourrelier, en l'absence de cours spéciaux, se prépare chez

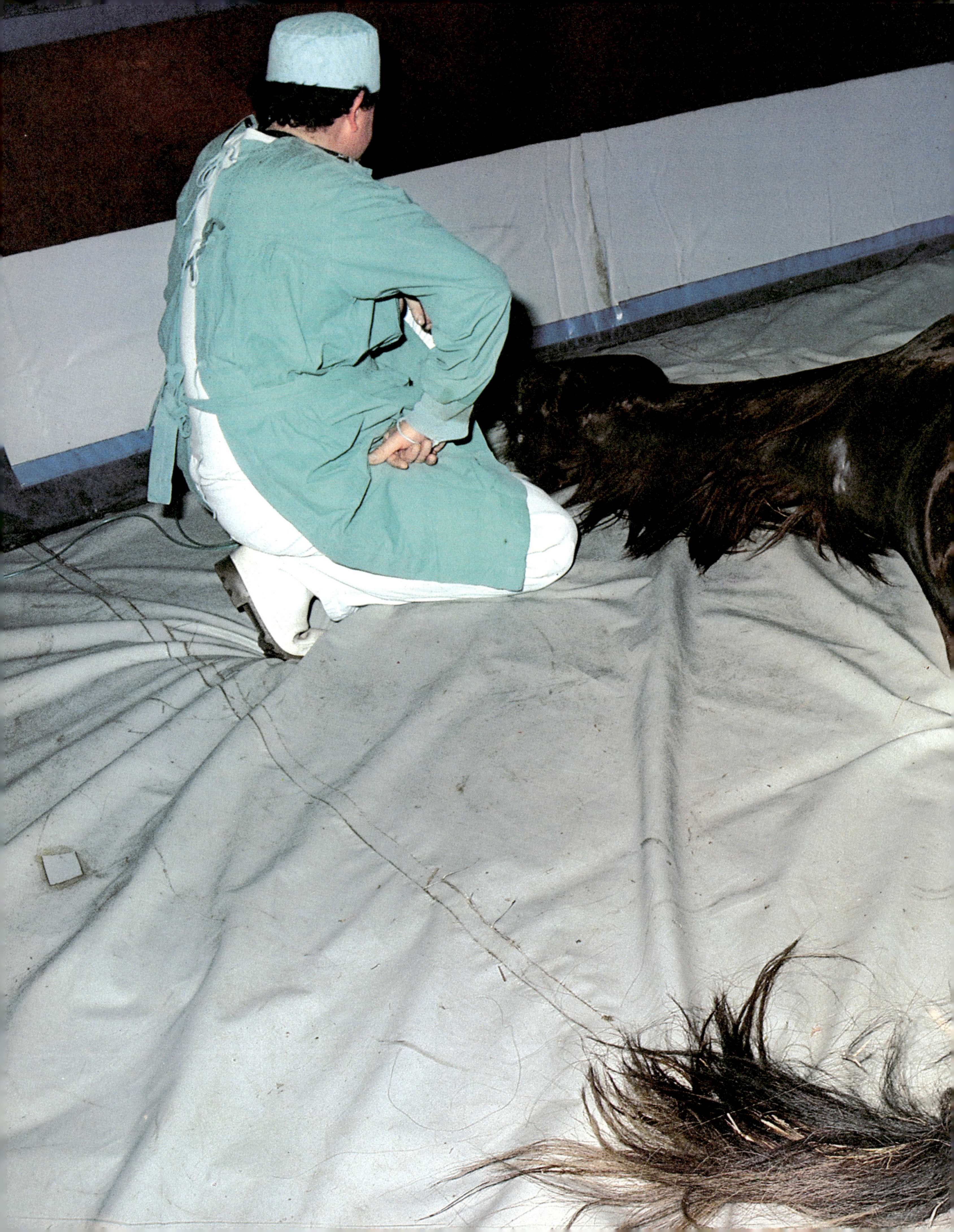

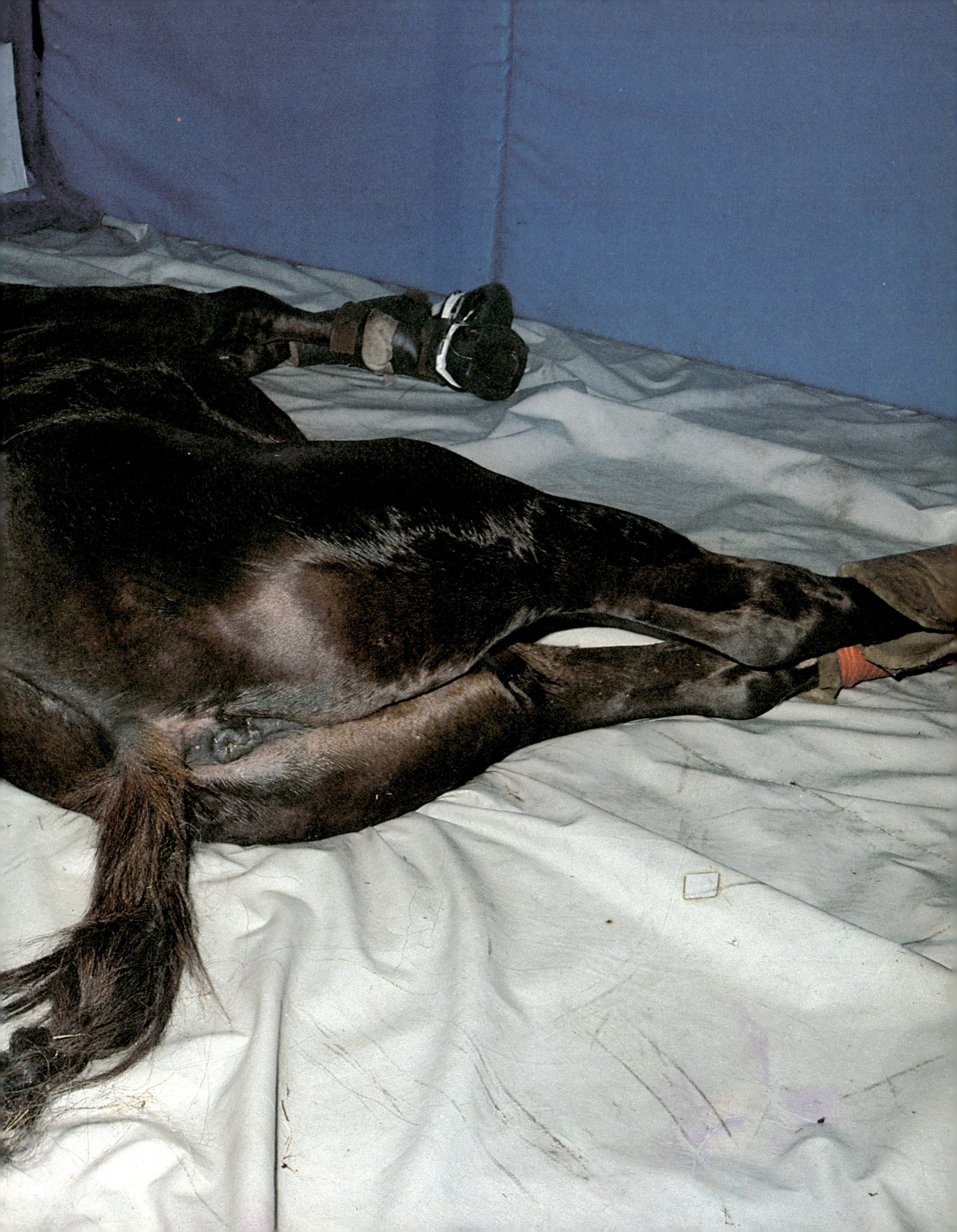

un maître artisan et se passe en « candidat libre », l'élève devant exécuter une pièce de harnachement sous la surveillance d'un professionnel. Sinon, deux cycles sont possibles pour le C. A. P., en deux ans à la sortie de 3e (à seize ans), ou en un an en fin d'études secondaires, niveau bac (à dix-huit ans).

Vie quotidienne

Elle est le plus souvent, après une période plus ou moins longue de fabrication chez les autres, celle de commerçant : en effet le sellier tente toujours d'ouvrir boutique. Il lui faudra alors des connaissances de comptabilité, qui prendront sans doute le pas sur le travail du cuir, au point de l'obliger à embaucher à son tour de jeunes ouvriers ayant ou préparant le C. A. P. : une magnifique chaîne sans fin, en somme ! Il est à souhaiter qu'elle se déroule sans accroc, car ce serait un excellent indice de bonne santé pour l'équitation que de faire vivre de plus en plus de selliers. Ceux-ci, pour réussir, doivent avoir de sérieuses connaissances équestres en plus de leurs compétences professionnelles : comment réussir un filet ou une selle, sans cela ? La multiplicité des standards de chevaux ne peut pas se plier aux fabrications en grande série !

Débouchés

Ils sont réels pour les ouvriers soucieux de faire de l'utile et non seulement du beau.
Chaque sellier important a, aujourd'hui, deux ou trois stagiaires ; le travail promis par l'installation de nombreux propriétaires de chevaux chez eux doit permettre bientôt à ces stagiaires de s'installer à leur tour.

Vétérinaire

Voilà l'une des professions les plus convoitées, mais aussi les plus difficiles, par ses études comme, ensuite, par la vie qu'elle fait mener. Car si près de 3 000 élèves se bousculent au concours d'entrée, un sixième seulement sera reçu. Et, en tenant compte de l'« écrémage » avant la thèse, 400 diplômés sont formés chaque année, une dizaine seulement pourront s'installer à l'endroit rêvé, pour ne pratiquer que sur leurs animaux favoris.
En fait, presque tous devront faire des remplacements, puis travailler en groupe, avant d'avoir, un jour, la chance de se perfectionner suffisamment en médecine équine pour s'installer à leur compte. Mais voilà, une fois à ce stade, et si le travail continue, la vie arrachée de haute lutte semble effectivement avoir mérité tous ces efforts.

Études — formation

Après un baccalauréat scientifique, il faut une année au moins de classe préparatoire avant de présenter le concours d'entrée national. Selon le rang de classement, les candidats reçus intègrent aux écoles choisies, Maisons-Alfort, Lyon, Toulouse ou Nantes ; là la formation dure quatre ans, au bout desquels il faut présenter une thèse de doctorat. À peine plus d'une vingtaine de spécialistes équins exercent en France ; il faut alors mériter de devenir assistant de l'un d'entre eux, avant de pouvoir essayer, avec quelques chances de succès, de s'installer. Sinon, de nombreux autres débouchés sont ouverts, bien loin du cheval : cliniques de groupe, laboratoires, etc.

Si la route semble bouchée en France, il ne faut pas hésiter à aller en Allemagne, en Angleterre, aux États-Unis, où les cliniques chevalines sont nombreuses et réputées. Le retour dans la mère patrie, avec cette expérience, ouvrira certaines portes jusque-là restées fermées.

Vie quotidienne

Le vétérinaire, sauf s'il est en cabinet de groupe, a peu de temps à lui : entre les permanences au cabinet, les déplacements et les urgences, il doit encore garder du temps pour les opérations, les congrès et l'indispensable travail de recyclage sous forme de lecture des derniers articles publiés (souvent en anglais). Le vétérinaire équin n'échappe pas à la règle, d'autant que les mises-bas se produisent fréquemment la nuit ! La vie de famille, avec tout ça, est un peu compromise, jusqu'à ce qu'une situation plus stable, due à la réputation et au groupement avec un (ou plusieurs) collègue, permette de monter à nouveau à cheval, et d'y mettre ses enfants. Alors le rêve est réalisé.

Débouchés

Ils existent et sont même plus nombreux que d'heureux élus. Car c'est le concours d'entrée qui est l'obstacle le plus dur, aussi mieux vaut le préparer dès la classe de seconde et travailler d'arrache-pied jusqu'à la thèse : ces huit années « perdues » seront largement rattrapées par la suite !

Principales adresses

(Liste non exhaustive ; extraits de circulaires du ministère de l'Agriculture)

Centres de formation agricole et professionnelle

(préparation au B. P. A., C. A. P. A. ou formation professionnelle pour adultes).
Centre d'enseignement agricole, place du 19-Mars 1962, 26170 Buis-les-Baronnies
C. F. A., Gilbert-Richard, B. P. 105, 08300 Rethel
C. F. A., 21, boulevard Olivier-de-Serres, B. P. 42, 21801 Quétigny
C. F. A., chemin du Popey, 55000 Bar-le-Duc
C. F. A., Chambre des métiers, 60000 Beauvais
C. F. A. St-Germain-Chambourcy, 78100 Saint-Germain-en-Laye
C. F. A. Albi-Fonlabour, 81000 Albi
C. F.A. Beauregard, 12200 Villefranche-de-Rouergue
C. F. A.-C. A. P. A. de palefrenier-soigneur, chemin de la Jonction, 78100 Saint-Germain-en-Laye
C. F. A. d'Amboise, 13, route de Bléré, B. P. 347, 37403 Amboise Cedex
C. F. A. d'Armor, 22450 Pommerit-Jaudy
C. F. A. de Gourdan, avenue de la Gare, 31210 Gourdan-Polignan
C. F. A. de l'Aude, 62, avenue Bunau-Varilla, 11000 Carcassonne
C. F. A. de l'Orne, route d'Essay, 61500 Sées
C. F. A. de Rethel, lycée agricole, 08300 Rethel
C. F. A. de Seine-Maritime, lycée agricole, B. P. 218, 76196 Yvetot
C. F. A. de Tulle-Naves, 19460 Naves

C.F.A. du trot, domaine de Grosbois, 94410 Boissy-Saint-Léger
C.F.A. régional agricole, 84200 Carpentras
C.F.A.A., 512, avenue de Verdun, 76190 Duclair
C.F.P.A. «jeunes», 8, avenue du Président-Kennedy, 55100 Verdun
C.F.P.A. d'Aix, 5, boulevard de la République, 13100 Aix-en-Provence
C.F.P.L.D.J.-A.F.A.S.E.C., Hippodrome, B.P. 05, Graignes, 50620 Saint-Jean-de-Daye
C.F.P.L.J., 1, avenue Desaix, B.P. 74, 78600 Maisons-Laffitte
C.F.P.L.J.-A.F.A.S.E.C., rue de Chauffour, B.P. 04, 60270 Gouvieux
C.F.P.L.J.-A.F.A.S.E.C., hippodrome, 164, rue G.-Pelat, 40000 Mont-de-Marsan
C.F.P.P.A., route de Fougères, 50600 Saint-Hilaire-du-Harcouët
C.F.P.P.A. de la Creuse, 23800 Dun-le-Palestel
C.F.P.P.A. de Montmorot, 614, avenue E.-Faure, 39570 Montmorot
C.F.P.P.A. de Ribemont, 80113 Ribemont-sur-Ancre
C.F.P.P.A. de St-Laurent, 08090 Charleville-Mézières
C.F.P.P.A. «métiers du cheval», Le Roc, 19270 Sainte-Féréole
C.F.P.P.A.F., lycée agricole et forestier, 88500 Mirecourt
C.F.P.P.L.J.-A.F.A.S.E.C., Les plaines de l'Arbois, B.P. 27, 13480 Cabriès
C.N.F.A.-A.F.A.S.E.C., lad-jockey et lad-driver, 57, avenue du Général-Leclerc, 60500 Chantilly
C.P.P.A. de Nancy, Pecheur, B.P. 10, 54220 Malzéville
C.R.E.T. de Rosans, route de Nyons, 05510 Rosans
Institut du cheval, Jussiau, route de Troche, 19230 Arnac-Pompadour
Institut rural, 73, route de Mauvaisville, B.P. 26, 61200 Argentan
L.P.A. d'Yssingeaux, Domaine de Chaumouroux, 43200 Yssingeaux

Autres collèges et lycées agricoles

C.F.A.A. de la Gironde, B.P. 113, 33291 Blanquefort Cedex
Collège agricole mixte, Le Cluzeau, 24240 Sigoules
Collège équestre, Ferme de la cote Verte, route d'Elbeuf, 27400 Louviers
Collège international, Château de Bonnelles, 78340 Bonnelles
École d'agriculture St-Joseph, place Cretin, 25270 Levier
L.E.P. privé rural Vaxergues, 198, avenue du Docteur L.-Galtier, 12400 Saint-Affrique
L.E.P.A., Contamine-sur-Arve, 74130 Bonneville
L.E.P.A. Armand-Fallières, route de Francescal, 47600 Nérac
L.P. privé agricole, chemin des Couvents, Les Couëts, 44340 Bouguenais
L.P.A. La Barotte, B.P. 176, 21403 Châtillon-sur-Seine
L.P.A. La Cazotte, route de Bournac, 12400 Saint-Affrique
Lycée agricole, 40, rue de Strasbourg, B.P. 22, 57170 Château-Salins
Lycée agricole, Capou, 82000 Montauban
Lycée agricole, 33430 Bazas
Lycée agricole de Kernilien, 22202 Guingamp Cedex
Lycée agricole de Laval, route de Nantes, 53017 Laval
Lycée agricole Tricastin-Baronnies, B.P. 15, 25 Le Courreau, 26130 Saint-Paul-Trois-Châteaux
Lycée climatique et sportif, avenue Pierre-de-Coubertin, 66120 Font-Romeu
Lycée d'État Jean-Durand, B.P. 130, 11400 Castelnaudary
Lycée Le Cluzeau, 24240 Sigoulès

C.A.P. de maréchalerie

Centre sportif d'équitation militaire, Quartier du Carrousel, 77307 Fontainebleau Cedex
École nationale d'équitation, B.P. 207, Terrefort, 49400 Saumur
École nationale des haras, Le Pin-au-Haras, 61310 Exmes
École de maréchalerie, La Forge de St-Herem, Pair et Grandrupt, 88100 Saint-Dié

C.A.P. de sellier-maroquinier

Centre régional d'enseignement touristique, route de Nyons, 05150 Rosans
École de la chambre de commerce, 28, rue de l'Abbé-Grégoire, 75014 Paris

Établissements d'enseignement supérieur

Écoles nationales d'ingénieurs de travaux agricoles (E.N.I.T.A.), 21800 Dijon Quetigny
École nationale supérieure agronomique, 65, rue de St-Brieuc, 35000 Rennes
E.N.S. agronomique, 26, boulevard du Docteur-Petit-Jean, 21016 Dijon
Institut national agronomique Paris-Grignon, 16, rue Claude-Bernard, 75005 Paris

Enseignement vétérinaire

E.N.V. d'Alfort, 7, avenue du Général-de-Gaulle, 94704 Maisons-Alfort
E.N.V. de Lyon, route Saint-Bel, 69280 Marcy-l'Étoile
E.N.V. de Nantes, route de Gachet, 44087 Nantes Cedex
E.N.V. de Toulouse, 23, chemin des Capelles, 31076 Toulouse

Organismes équestres utiles

C.E.R.E.O.P.A., 16, rue Claude-Bernard, 75231 Paris Cedex 05
C.E.Z. section hippique, parc du Château, 78120 Rambouillet
Délégation nationale à l'équitation sur poney et D.N.T.E.-A.N.T.E., 170, quai de Stalingrad, 92130 Issy-les-Moulineaux
Délégation nationale aux sports équestres, 25, rue de Tolbiac, 75013 Paris
École nationale d'équitation, Terrefort, B.P. 207, 49400 Saumur
École nationale des haras, Le Pin-aux-Haras, 61310 Exmes
Fédération française d'équitation (F.F.E.), 25, rue de Tolbiac, 75013 Paris
FEDEL-UNIC, 22, rue de Penthièvre, 75008 Paris
Fédération des randonneurs équestres, 16, rue des Apennins, 75017 Paris
Groupement hippique national, 215, boulevard Jean-Jaurès, 92100 Boulogne
Ministère de l'Agriculture, 78, rue de Varenne, 75007 Paris
Service des haras nationaux, 14, avenue de la Grande-Armée, 75017 Paris

Sociétés de courses

Fédération nationale des sociétés de courses de France, 22, rue de Penthièvre, 75008 Paris
Sociétés sportives d'encouragement :
133, rue du faubourg St-Honoré, 75008 Paris
Galop : Hippodrome de St-Cloud, 92210 Saint-Cloud
Cross-country : Hippodrome de Maisons-Laffitte, 78600
Trot et obstacles : Hippodrome d'Enghien, 95230 Soisy-sous-Montmorency

Quelques chevaux de selle étrangers

Akhal-Téké

Origine : Il descend du cheval turkmène, employé déjà comme cheval de guerre il y a vingt-cinq siècles.

Élevage : Dans de nombreuses provinces semi-désertiques d'U. R. S. S., où il est très populaire.

Taille : 1,42 m à 1,52 m.

Silhouette : Très fine, membres secs et allongés, corps tout en longueur.

Aptitudes : Très endurant, il peut être un cheval de selle complet malgré sa petite taille.

Caractère : Obstiné, mais courageux ; très confiant s'il accepte de « coopérer ».

Robe : Grise ou baie, mais avec reflets métalliques très surprenants (parfois or) ; crinière et queue peu fournies.

Alter-real

Origine : Cette race provient de l'importation au milieu du XVIIIe siècle de trois cents excellentes juments andalouses.

Élevage : Il est limité au Portugal où, après la disparition quasi totale de la race à la suite de croisements inconsidérés, une réintroduction de sang andalou a permis la reconstitution d'un élevage de qualité.

Taille : 1,50 m à 1,60 m.

Silhouette : Avec une encolure forte, des épaules musclées, un corps court et des membres fins mais solides.

Aptitudes : Ce cheval aux belles allures constituait au XVIIIe siècle une remonte de qualité pour l'équitation classique. Aujourd'hui c'est encore un cheval de dressage recherché.

Caractère : Courageux, il est souvent ombrageux et nécessite un travail important avant de se plier aux rigueurs de l'équitation.

Robe : Baie, alezane, plus rarement grise.

Andalou

Origine : Il est issu d'un croisement de chevaux barbes, amenés d'Afrique du Nord par les Maures, avec le cheptel indigène de la péninsule Ibérique.

Élevage : Sous sa forme « pure », il est surtout élevé en Espagne.

Taille : En moyenne 1,52 m.

Silhouette : Il est puissant, nerveux et présente à l'arrêt comme en mouvement un air très « fier ».

Aptitudes : Ses allures très relevées en font un cheval de selle brillant, apprécié pour l'équitation académique.

Caractère : Docile, maniable, doux même pour les entiers.

Robe : Blanche, grise ou baie ; crinière et queue très fournies.

Akhal-Téké

Andalou

Appaloosa

Origine : Il descend des chevaux importés au XVIe siècle par les Espagnols.

Élevage : Limité au départ dans la vallée de la Palouse, territoire des Nez Percé ; aujourd'hui dans tous les États-Unis.

Taille : Environ 1,50 m.

Silhouette : Ramassée, trapue, membres secs.

Aptitudes : Cheval de selle, de loisir, très éveillé et souvent apprécié pour les spectacles (rodéo, cirque).

Caractère : Docile mais nerveux.

Robe : Tachetée de manières fort diverses, et qui fait sa principale particularité ; crins fins et clairsemés.

Arabe shagya et polonais

Origine : Afrique du Nord ou Moyen-Orient, selon les historiens.

Élevage : En dehors de l'arabe traditionnel, en Afrique du Nord, en Europe de l'Ouest et aux États-Unis, existent aussi le shagya (hongrois) et le polonais, différents tous deux du type initial par les conditions de vie et quelques croisements, depuis le XVIe siècle pour le polonais, et le XIXe pour le shagya.

Taille : 1,50 m.

Silhouette : Un peu plus « ronde » que celle de l'arabe type, ossature plus forte surtout pour le shagya ; autrement, même tête fine et dressée, mêmes allures fières.

Aptitudes : Mieux nourris que leur ancêtre, ils sont plus « enveloppés », et font de bons chevaux de selle tout usage, et d'attelage.

Caractère : Même tempérament que l'arabe oriental, souvent très proche de son cavalier.

Robe : Grise surtout, crins très fins.

Barbe

Origine : Comme pour l'arabe, l'origine du barbe est discutée ; toutefois, le Moyen-Orient semble le « berceau de race » le plus plausible.

Élevage : En Afrique du Nord, et autrefois en France, mais presque disparu chez nous aujourd'hui avec la fin de la cavalerie, dont c'était la principale monture.

Taille : 1,45 m à 1,50 m.

Silhouette : Tête longue, croupe inclinée, membres forts.

Aptitudes : Très résistant, sobre, rapide, il fait un excellent cheval de selle et de loisir.

Caractère : Docile, éveillé, confiant.

Robe : Grise, noire, parfois alezane.

Appaloosa

Arabe shagya

Brumby

Origine : Le brumby est le descendant, redevenu sauvage, des chevaux occidentaux importés en Australie par les colons anglais, puis, surtout, lors de la ruée vers l'or du XIXe siècle.

Élevage : Ces « mustangs » australiens étaient capturés et dressés par les éleveurs jusqu'au milieu du siècle ; mais la mécanisation et la multiplication anarchique de ces chevaux, qui n'étaient plus utilisés, leur créèrent une réputation de « fléau » pour les dégâts occasionnés aux clôtures, aux champs, et même aux élevages de montures domestiques. Ils furent alors pourchassés, et leur nombre est désormais très réduit.

Taille : Environ 1,50 m.

Silhouette : La vie sauvage du brumby lui a fait perdre beaucoup des critères morphologiques de ses ancêtres anglais, pour lui donner en échange une extraordinaire rusticité. Il est « anguleux » de corps, avec des membres forts ; ses autres caractéristiques sont trop variables pour servir de standard.

Aptitudes : Sa résistance en faisait un bon cheval de travail. Mais il est aujourd'hui souvent trop sauvage pour être dressé.

Caractère : Son tempérament difficile a été exacerbé par la chasse qui lui fut donnée, et, désormais, la méfiance rend quasiment vain tout effort de dressage.

Robe : Toutes les couleurs sont admises.

Hackney

Origine : Il descend du norfolk, cheval de trait anglais, croisé avec du pur-sang et de l'arabe.

Élevage : En Angleterre surtout, mais aussi aux États-Unis.

Taille : 1,50 m.

Silhouette : Tête fine, encolure rouée, dos souvent creusé, membres fins.

Aptitudes : Il est surtout apprécié pour l'attelage léger, où ses allures extrêmement relevées lui font faire des présentations brillantes, notamment au trot.

Caractère : Docile, mais un peu « chaud ».

Robe : Bai clair ou alezane.

Holstein

Origine : Il descend des chevaux de guerre, lourds, du Moyen Âge, affinés au XVIIe siècle de sang oriental, et au XIXe de pur-sang.

Élevage : Région allemande de Holstein.

Taille : 1,55 m à 1,65 m.

Silhouette : Puissante, croupe forte, membres courts, tête assez grosse.

Aptitudes : Bon cheval de selle, particulièrement apprécié pour le jumping.

Caractère : Éveillé, courageux, docile.

Robe : Baie, bai foncé.

Hackney

Holstein

Hunter

Origine : Le hunter n'est pas vraiment une race, mais un « type » de cheval, sélectionné en fonction des aptitudes nécessaires pour la chasse à courre. Ses origines sont souvent très « proches » du pur-sang.

Élevage : Irlande et Angleterre.

Taille : 1,65 m.

Silhouette : Carrée, encolure bien sortie, croupe puissante, membres forts mais longs.

Aptitudes : Solide, endurant, avec des qualités de vitesse et de saut.

Caractère : Calme, courageux, attentif.

Robe : Toutes les robes sont admises.

Knabstrup

Origine : Ce cheval descend d'une jument danoise mouchetée, saillie par des étalons issus d'andalous, et qui donna des produits tous tachetés, créant ainsi une lignée à part.

Élevage : Danemark.

Taille : Environ 1,53 m.

Silhouette : Malheureusement, les produits ont été plus sélectionnés pour l'originalité de leurs robes que pour leur conformation, et aujourd'hui les types sont très variés.

Aptitudes : Ils sont légers, mais ne conviennent pas tous à la selle ; leur principale utilisation reste... le cirque.

Caractère : Variable, généralement assez placide.

Robe : Extraordinairement mouchetée, très variée.

Lipizzan

Origine : Il remonte aux chevaux andalous importés d'Espagne en Yougoslavie, au haras de Lipizza, vers 1583. Des croisements successifs ont été faits avec des chevaux assez lourds, locaux, et des étalons arabes.

Élevage : Au haras de Piber, en Autriche, ainsi qu'en Yougoslavie (Lipizza) et en Tchécoslovaquie.

Taille : 1,50 m à 1,52 m.

Silhouette : Dos droit, croupe assez plate, carrée, solide, membres courts et robustes.

Aptitudes : Bon cheval d'attelage, mais surtout unique remonte de la fameuse École espagnole de Vienne, où, débutés à cinq ans, les étalons passent de nombreuses années à s'initier à l'équitation classique, puis à donner des représentations de haute école (airs relevés, sauts d'école, etc.).

Caractère : Docile, courageux.

Robe : Noire ou brune à la naissance, elle devient généralement grise entre 3 et 7 ans ; mais il y a toujours, par tradition, un étalon bai-brun par reprise à l'école.

Hunter

Lipizzan

Mustang

Origine : Le mustang est un descendant, redevenu sauvage, des premiers chevaux importés en Amérique du Nord ; le même processus, en Australie, a donné le brumby.

Élevage : En liberté, dans les grands espaces longtemps restés vierges, mais qui se réduisent considérablement aujourd'hui, ce qui fait parfois pourchasser le mustang et le brumby comme des « prédateurs » de culture.

Taille : 1,50 m maximum.

Silhouette : Petite, peu élégante, membres forts et dos creux.

Aptitudes : Cheval très robuste, sobre et vigoureux de par sa vie de vagabondage.

Caractère : Très docile une fois dressé.

Robe : Toutes les robes sont possibles.

Palomino

Origine : Le palomino étant un cheval caractérisé par une couleur de robe, il peut se rencontrer parmi beaucoup de races.

Élevage : Depuis environ quarante ans, l'association américaine du « cheval palomino » essaie de produire des sujets de qualité homogène, ce qui permettrait de poser les bases d'une « vraie » race.

Taille : Entre 1,40 m et 1,55 m.

Silhouette : Les éleveurs américains essayent de se rapprocher de la morphologie de races déjà populaires, comme le quarter-horse. C'est alors une monture musclée, carrée, fine de tête et de membres.

Aptitudes : Elles dépendent du choix d'élevage, et vont du cheval de travail, de loisir et de sport, aux États-Unis, jusqu'à la monture pour enfants, au Royaume-Uni.

Caractère : Il est aussi variable que les aptitudes, mais est généralement choisi doux, courageux, éveillé.

Robe : La robe palomino est caractérisée par un poil doré, et des crins plus clairs (dits « lavés ») ; les marques blanches sont permises en membres et en tête.

Paso

Origine : Le cheval paso (ou « de pas ») est en fait caractérisé par son allure, le *paso,* sorte d'amble décomposé très confortable ; cheval d'Amérique du Sud, il descend des montures espagnoles amenées par les conquistadores : andalou et barbe-arabe.

Élevage : Amérique du Sud.

Taille : 1,40 m à 1,50 m.

Silhouette : Plus ou moins fine selon le pays, encolure forte, croupe petite et avalée.

Aptitudes : Résistant, très confortable, c'est un cheval de selle pour longs parcours.

Caractère : Éveillé et docile, une fois qu'il a accordé sa confiance.

Robe : Baie et alezane.

Mustang

Paso

Pinto

Origine	: Le pinto est plus un type de robe qu'une race bien définie. Cheval « peint » *(paint horse),* il fut sélectionné pour ses couleurs par les Indiens d'Amérique du Nord, à partir de chevaux sauvages.
Élevage	: Tous les États-Unis.
Taille	: Environ 1,50 m.
Silhouette	: Elle n'est pas définie précisément, mais se rapproche de celle de l'appaloosa.
Aptitudes	: Monture préférée des Indiens (pour ses couleurs), elle est aussi celle des... producteurs de westerns, bien que ses qualités sous la selle soient plutôt médiocres dans la plupart des cas.
Caractère	: Très docile.
Robe	: Overo, robe sombre avec taches blanches, ou tobiano, robe blanche avec taches sombres.

Quarter horse

Origine	: Résultat du croisement de juments espagnoles et d'étalons importés d'Angleterre, par les colons de Virginie.
Élevage	: Dans tous les États-Unis (où il est le cheval le plus populaire) et dans de nombreux autres pays.
Taille	: 1,52 m en moyenne.
Silhouette	: Compacte, croupe très développée, membres solides, tête fine.
Aptitudes	: Bon cheval de selle et d'attelage, surtout apprécié pour les courses, puisqu'il a été développé au départ dans l'optique de compétitions sur courte distance (un quart de mile, d'où son nom), dans lesquelles ses démarrages foudroyants sont spectaculaires. Sa maniabilité en fait aussi un excellent cheval de travail, avec le bétail.
Caractère	: Éveillé, doux, courageux.
Robe	: Surtout alezan clair, crins lavés, mais aussi toutes robes unies.

Salerne

Origine	: Sans doute croisement de chevaux légers germaniques et d'orientaux, puis de pur-sang.
Élevage	: Région de Salerne, en Italie.
Taille	: 1,60 m.
Silhouette	: Assez légère, membres solides, encolure bien sortie.
Aptitudes	: Bon cheval de selle, autrefois très apprécié de la cavalerie, aujourd'hui « recyclé » dans le jumping.
Caractère	: Éveillé, stable.
Robe	: Toutes possibles si elles sont unies.

Pinto

Quarter horse

Trakehner

Origine	: Fondé en 1732 par Frédéric-Guillaume Ier, le haras de Trakehner développe une race autochtone de Prusse-Orientale, allégée par des apports de sang arabe, puis pur-sang.
Élevage	: Haras et région de Trakehner.
Taille	: 1,60 m à 1,68 m.
Silhouette	: Excellente conformation, proche du pur-sang avec plus de « solidité ».
Aptitudes	: Résistant, c'est un cheval de selle très recherché, surtout pour le jumping et le dressage.
Caractère	: Vif, joueur, mais sans brutalité.
Robe	: Toutes robes unies.

Trotteur orlov

Origine	: Croisement de sang arabe et hollandais, au haras de Khrenov, dès 1778, puis apport au XIXe siècle d'étalons pur-sang.
Élevage	: Dans toute la Russie.
Taille	: 1,55 m à 1,70 m.
Silhouette	: Robuste, épaule et croupe puissantes, dos long, membres forts.
Aptitudes	: Endurant, avec un trot remarquable, il est très apprécié en course dans cette discipline, mais aussi en attelage de loisir, et sous la selle.
Caractère	: Doux, assez placide.
Robe	: Grise ou noire.

Quelques chevaux lourds étrangers

Clydesdale

Origine	: Vallée anglaise de la Clyde, où des juments autochtones furent saillies par de lourds étalons flamands au XVIIIe siècle.
Élevage	: Angleterre.
Taille	: 1,62 m.
Silhouette	: Massive, encolure forte et membres solides très poilus.
Aptitudes	: Très puissant, il fut longtemps chargé des travaux de ferme et de mine.
Caractère	: Très doux, docile.
Robe	: Bai-brun, avec souvent quatre grandes balzanes, ainsi que du blanc sur le bas de la tête.

Trakehner

Clydesdale

Franche-Montagne

Origine : Croisement dans le Jura suisse, au XIXe siècle, de juments indigènes avec des étalons anglo-normands.
Élevage : Dans les montagnes suisses.
Taille : 1,50 m.
Silhouette : Lourde charpente, trapue, corps fort porté par des jambes courtes.
Aptitudes : Sa puissance et sa sûreté de pied en font un excellent cheval de travail en montagne ; il fut aussi très demandé comme cheval de trait militaire.
Caractère : Doux, travailleur.
Robe : Toutes robes unies.

Frison

Origine : Depuis près de trois mille ans existe en Frise un cheval lourd. Très apprécié au Moyen Âge comme cheval de guerre, il fut allégé au XIXe siècle pour être plus « trotteur », mais avec une perte de ses qualités premières de trait. On revient aujourd'hui au type primitif.
Élevage : Dans tous les Pays-Bas.
Taille : 1,50 m.
Silhouette : Petite, mais ramassée et musclée, avec corps et jambes puissants.
Aptitudes : Fort et rapide à la fois, il est très recherché pour les concours-expositions de trait, après avoir été le principal cheval de travail d'Europe du Nord durant des siècles.
Caractère : Doux et de bonne volonté.
Robe : Bai-brun, souvent même entièrement noire.

Shire

Origine : Il descend des plus grands chevaux du Moyen Âge.
Élevage : Dans le sud de l'Angleterre.
Taille : Jusqu'à 1,90 m.
Silhouette : Imposante, avec une charpente solide mais une certaine finesse grâce à la longueur des membres (très poilus). Tête fine, belle épaule, croupe un peu avalée.
Aptitudes : Un shire pesant une tonne peut tirer une charge de cinq tonnes ; aujourd'hui, ses talents de travailleur ne sont plus employés que dans les foires et les expositions, où il remporte d'énormes succès.
Caractère : Calme et très docile.
Robe : Baie, noire ou grise.

Franche-Montagne

Frison

Quelques poneys étrangers

Connemara

Origine : Irlande. Croisement avec chevaux andalou, arabe, pur-sang anglais et trait anglais.
Élevage : Irlande, Angleterre, France.
Taille : 1,30 m à 1,40 m.
Silhouette : Puissante mais élégante, tête fine, membres robustes.
Aptitudes : Monture de selle agile, au pied sûr.
Caractère : Docile, gentil.
Robe : Grise, baie, bai-brun.

Connemara

Criollo

Origine : Argentine. Souche espagnole (arabe, barbe, : andalou) amenée par les conquistadores au XVe siècle.
Élevage : Toute l'Amérique du Sud.
Taille : 1,35 m à 1,45 m.
Silhouette : Compacte, vigoureuse ; tête large, dos court, pieds durs.
Aptitudes : Très résistant, monture de travail sous la selle dans les vastes estancias.
Caractère : Gentil, un peu têtu, volontaire.
Robe : Toutes couleurs, les préférences allant aux plus foncées.

Falabella

Origine : Argentine. Croisement supposé de toutes petites juments shetland avec un petit étalon pur-sang, puis élevage consanguin et régime alimentaire surveillé.
Élevage : Ferme falabella exclusivement.
Taille : Moins de 60 cm, parfois même 50 cm.
Silhouette : Fine dans son pays, mais tendance à grossir pour les animaux importés dans des pays à pâturages riches.
Aptitudes : Inapte à la selle, mais bon à la traction, proportionnellement à sa taille.
Caractère : Éveillé, vif, joueur.
Robe : Toutes couleurs possibles.

Falabella

Fjord

Origine : Norvège. Le fjord semble ne pas avoir changé depuis l'époque de ses premiers éleveurs vikings.
Élevage : Europe de l'Ouest.
Taille : 1,30 m à 1,40 m.
Silhouette : Robuste, forte encolure mais tête fine, crinière typique « en brosse ».
Aptitudes : Très vigoureux, c'est une bonne monture de selle, et de travail dans les fermes de montagne.
Caractère : Courageux, gentil.
Robe : Poil jaune, crinière et queue caractérisées par des crins noirs au centre, argentés sur les côtés.

Haflinger

Haflinger

Origine : Autriche. Croisement d'arabe et de trait nordique.
Élevage : Europe de l'Ouest.
Taille : 1,35 m à 1,42 m.
Silhouette : Assez ronde, mais fine, croupe puissante.
Aptitudes : Attelage et selle, du fait de son endurance et de son pied sûr.
Caractère : Paisible.
Robe : Alezan clair, crins lavés.

Huçul

Huçul

Origine : Carpates. Un apport de sang arabe a affiné ce descendant du tarpan.
Élevage : Hongrie.
Taille : 1,21 m à 1,31 m.
Silhouette : Robuste, un peu « primitive », à peine plus d'« élégance » que le tarpan.
Aptitudes : Sa robustesse en fait un poney de trait et de bât idéal.
Caractère : Docile mais volontaire.
Robe : Baie.

Islandais

Origine : Islande. Venu de Norvège, le poney celtique primitif fut croisé avec des poneys importés d'Écosse et d'Irlande pour donner l'islandais.

Élevage : Europe du Nord.

Taille : 1,20 m à 1,30 m.

Silhouette : Petite et trapue, grande tête, encolure épaisse.

Aptitudes : Une allure très agréable, le *tölt* (comparable au paso, c'est-à-dire à un amble décomposé), le rend très agréable à la selle, car il est robuste et peut porter un adulte sans problème.

Caractère : Indépendant, éveillé.

Robe : Grise ou baie, crins très fournis et hirsutes.

New Forest

Origine : Hampshire (Grande-Bretagne). Des juments galloises furent croisées avec d'autres poneys, des pur-sang anglais et des arabes.

Élevage : Angleterre et Irlande.

Taille : 1,22 m à 1,42 m.

Silhouette : Petit cheval, membres forts, dos court, tête lourde.

Aptitudes : Faculté d'adaptation et agilité en font un poney très populaire pour toutes les disciplines.

Caractère : Tempérament généreux et facile.

Robe : Baie.

Prjewalski

Origine : Mongolie. Semble être le dernier représentant d'une des premières familles « spécialisées » d'*equus,* celle qui vivait sur des plateaux semi-désertiques.

Élevage : Peu à l'état libre, surtout protégé en réserves ou en zoos.

Taille : 1,20 m à 1,40 m.

Silhouette : Puissante, grande, tête lourde au profil convexe, garrot peu sorti, arrière-main étroite.

Aptitudes : Très endurant, a pu survivre dans des régions arides et désolées ; a sans doute été l'ancêtre des petits chevaux mongols.

Caractère : Sauvage.

Robe : Bai clair, « sable », crins et membres foncés, crinière droite sans toupet.

Islandais

New Forest

Shetland

Origine : Îles Shetland. Possibilité d'une introduction de poneys scandinaves, donc de type « celtique », dans ces îles. Les conditions de vie très rudes qui y règnent expliqueraient la diminution de taille des produits.
Élevage : Mondial.
Taille : 0,95 m à 1,05 m.
Silhouette : Toute ronde, corps fort et membres petits mais solides.
Aptitudes : Vigoureux et résistant, il a longtemps été utilisé comme « cheval » de travail par les paysans, puis dans les mines de charbon. Heureusement, maintenant, il est uniquement apprécié comme monture pour enfants.
Caractère : Volontaire, « cabochard », sans méchanceté.
Robe : Toutes les couleurs sont admises.

Tarpan

Origine : Europe orientale. Survivant du « cheval » de steppe primitif.
Élevage : Reconstitution d'un élevage en semi-liberté en Pologne.
Taille : 1,30 m.
Silhouette : Dos long, arrière-main faible, tête large à profil convexe, membres secs.
Aptitudes : Robuste, résistant.
Caractère : Courageux, voire agressif, indépendant.
Robe : Alezane ou baie, crins noirs, parfois zébrures sur les membres.

Welsh

Origine : Pays de Galles. Croisement de welsh mountain (assez fort) et de pur-sang anglais.
Élevage : Europe de l'Ouest.
Taille : 1,32 m.
Silhouette : Bien proportionné, avec une jolie tête ; épaule, dos et croupe musclés ; membres fins.
Aptitudes : Il perd un peu en vigueur et en endurance ce qu'il gagne en « sang » par rapport aux races plus rustiques ; c'est un excellent poney de selle.
Caractère : Courageux, éveillé.
Robe : Toutes couleurs, sauf pie et blanc.

Shetland

Welsh

CRÉDITS PHOTOGRAPHIQUES

PREST EDIT : Frédéric Chéhu : 7, 8, 14, 18, 19, 25, 27, 33, 41, 42, 53, 57, 59, 60, 63, 65, 66, 67, 68, 71, 73, 76, 80, 81, 83, 86, 89, 91, 96, 101, 105, 109, 111, 112, 115, 116, 117, 119, 120, 123, 125, 127, 128, 133, 139, 145, 146, 149, 152, 153, 154, 155, 159, 160, 162, 163. **Bertrand de Perthuis :** 8, 9, 14, 28, 69, 75, 85, 95, 99, 104, 106, 122, 128, 131, 137, 152, 153, 154, 155, 157, 158, 160, 161, 162, 163. **CHEVAL MAGAZINE : Jean-François Ballereau :** 49, 50, 156. **Laetitia Bataille :** 143. **Frédéric Blanc :** 36. **Stéphane Bigo :** 35. **Bernard Chevalier :** 89. **Évelyne Coquet :** 35. **Frédérique Ladjimi :** 18, 20, 134, 156. **Philippe Ploquin :** 92, 158, 159, 161. **Constance Rameaux :** 31, 36, 44, 54, 161.

RAPHO : 23.

TOP PHOTO : 13.

FRANÇOIS VARIN : 103.

Robert Dallet : 11.

Couverture : **Frédéric Chéhu.**

REMERCIEMENTS

Jean-François Ballereau pour sa collaboration.

Martine Rousseau : correction-révision.

RÉALISATION

PHILIPPINE

PRODUCTIONS

Avec la collaboration d'**Isabelle Arthus, Françoise Baye et Christiane Keukens**

Direction artistique : **Harald Ludwig**

PHOTOCOMPOSITION M.C.P. – FLEURY-LES-AUBRAIS

Achevé d'imprimer par l'imprimerie Grafica Editoriale, à Bologne.
Dépôt légal octobre 1983. – N° de série Éditeur 18040.
Imprimé en Italie *(Printed in Italy)*. – 512112 G - Juillet 1994.